한국계 정통파 유대인이 들려주는

유대교와 유대인 이야기

Noahide Korea

Jerusalem Lights

Rabbi Chaim Richman, Director
P.O. Box 23808
Jerusalem, Israel

Tevet 16, 5783 – Jan. 9, 2023

I have been privileged to meet Adam Lee, a righteous convert of great integrity. I am impressed by Adam's fine character and commitment to authentic Torah values. Adam lives a life devoted to Torah and Mitzvot, with love, sincerity and great devotion.

Adam Lee is a man of profound moral sensibility. He possesses both great faith and vision. That vision is leading him to seek an active role in the education of the people of his native nation of Korea, to aid in their understanding of the One G-d of Israel, His Torah, and His people Israel, and the role of the Nations in the process of the redemption of all mankind. This is a part of the global spiritual revolution of return to G-d currently taking place the world over, which is manifest as a great yearning for G-d, foreseen by the prophet Amos (8:11): 'Behold, days are coming, says the L-rd G-d, when I will send a hunger over the land; not hunger for bread, or a thirst for water, but to hear the words of the L-rd.'

To help answer this great yearning, Adam has written a book in the Korean language, called 'Judaism and Jewish Stories Told by an Orthodox Korean Jew.' Adam's bold initiative will provide valuable information and inspiration to G-d-fearing Gentiles in the Korean language, and it will help to dispel doubts and misinformation about the Jewish people and their beliefs.

I heartily support Adam Lee's efforts and wish him every success. May G-d bless him with every Heavenly blessing and bring his projects to fruition.

Sincerely,

Chaim Richman

Rabbi Chaim Richman
Director, JERUSALEM LIGHTS

Tel. 972 54 7000395   www.rabbirichman.com   rabbi@rabbirichman.com

כ"ב טבת תשפ"ג

15.01.2023

I have sat and reviewed a translation of the book that Mr. Adam Yair Lee intends to publish about Judaism to the Korean people in their native tongue. From my discussions with Mr. Lee, I understand that the general Korean population, who's only access to Jews and to Judaism is through the prism of the Christian world, have an unkind and jaundiced view of Jews and Judaism. This book, I pray, will introduce the Korean people to the ideas of the Jews through the voice of the Jewish people instead of a foreign biased ideology.

Mr. Lee being born in Korea to a Korean family has a special skill and ability to communicate to the Korean people the ideas and mores of his adopted people.

Mr. Lee has spent many years studying Judaism and cultivating a Jewish home in our ancestorial lands. Mr. Lee and his family are dedicated members of our community here in Katzrin, the Golan Heights.

I pray that the book will have the desired effect of introducing a less jaundiced view of the Jewish people and their beliefs to the Korean people, that the light and blessing of Hashem will spread and we shall merit peace and prosperity in our days.

_____

Rabbi Yaron Tzvi Buki
Yoshev Rosh Kehillat Ad HaShamayim
Katzrin Golan Heights

בס״ד

머 리 말

　유대교를 얘기하는 책들은 한국에 많이 있다. 그러나 유대교를 설명하는 책은 한국에 없었다. 꼭 유대교에 대한 정보만을 찾는 이가 아니더라도 유대인이나 이스라엘에 대한 일반적인 정보 또한 그 주된 내용은 기독교계에 의해 그들의 의도를 충족시켜 주는 방향을 위해 소개된 경우를 많이 볼 수 있다. 이 책은 어떤 새로운 종교를 만드는 목적이나 유대교에 관한 선교를 하는 것이 아님은 분명하다. 신의 존재를 믿는 독자들에게, 이 책은 유대인과 이스라엘에 관한 잘못된 상식을 불식시켜 줄 내용이 될 것이며, 유대교를 일반적인 또 다른 종교라는 관점으로 보는 신의 존재를 믿지 않는 독자들에게는, 이 책은 어쩌면 논쟁거리마저 될 수도 있는 극도로 새로운 주장이 될 것이다. 그러나 이 책의 내용은 실제로 이스라엘에서 유대 종교인들을 관찰하고 대화를 나누었을 때 증명될 수 있는 내용들임을 밝히는 바이다. 한국에서 처음 소개되는 유대교에 관한 책을 준비하면서 필자는 그 방향성에 대한 많은 고민을 하지 않을 수 없었다. 거기에는 어떠한 주제에 관한 사전적인 기초 설명은 배제하면서도 유대교에 대해 전혀 알지 못하는 독자들의 흥미를 유발할 요소를 가지게 해야 함과 동시에, 유대교에 대해 기초 이상의 정보를 안다고 확신하는 독자들에게도 신선한 충격으로 다가올 수 있는 것들이 다수 소개 되어야만 하기 때문이었다. 그렇기에 이 책의 문구는 선언적이다. 소개라는 입장에 발목을 잡혀 타협이나 설득으로 귀결되지 않는다. 2020년부터 유대교를 소개하는 여러 번역 작업을 해오면서 쌓여진 내용들이 그러한 어려운 작업이 '가능한' 것으로 이루어지게끔 뒷받침 되어 주었다. 더불어 특별히 한국에서 소개된 바 없는 노아하이드에 관한 내용은 그동안 '유대인 같이', 또는 '유대적인' 신앙을 찾는다면서도 여전히 토라에서 얘기하고 있지 않는 메시아관에 묶여 있는 분들에게 올바른 개념을 제시할 것으로 기대하는 바이다.

아담 야이르 리 אדם יאיר לי

일 러 두 기

- 이 책이 나오기까지 실현 가능성을 장담할 수 없던 많은 어려움이 있었습니다. 그런 가운데 가능성을 현실로 옮겨준 노아하이드 코리아 출판사의 서효완 대표님과 한국의 노아하이드 일원 모두에게 진심으로 감사의 마음을 전하는 바입니다.

- 한국 노아하이드 협회는 유대인들에게 특별히 명령된 이스라엘의 절기들을 주신 하쉠의 이름을 찬양하고 함께 모여 비유대인들에게 명령된 선을 지키고 올바로 기념하면서 그 의미를 배우는 일에 힘쓰고 있습니다. 더불어 비유대인들을 위한 기도문인 노아하이드 시두르를 토대로 창조주께 일상의 기도와 축복을 드리는 방식을 배우고 보급하는데 앞장섭니다.

관련 문의: noahidekorea@gmail.com

- 토라 및 유대교를 공부할 수 있는 사이트 및 이스라엘 정보 사이트와 키워드:

타낙흐 영번역 사이트 추천 (구글 검색 키워드): 하바드(Chabad) Complete Tanakh Hebrew Bible

유대 문헌 검색: sefaria.org

YouTube 유대교 TV: youtube.com/@judaismtvkorea

유대교/슈다이즘 블로그: blog.naver.com/jewishkorean

한국 노아하이드 블로그: noahidekorea.tistory.com

라브 하임 리치만의 토라 강의 (한국어): rabbirichman.com/outreach-korea

재 이스라엘 한인회: israelhanin.org

히브리어 사전 사이트: morfix.co.il

히브리어 단어 공부 사이트: internetpolyglot.com/lessons-he-ko

코텔(통곡의 벽) 라이브 캠 (구글 검색 키워드): western wall live cam

한국 베이트 하바드: jewishkorea.com

이스라엘 영문 뉴스 사이트: israelnationalnews.com

목 차

Chapter 1. 창조주
창조주의 이름 2
신의 계명들 4
전능자의 본질 6
예배 8
찬양 9
믿음 10

Chapter 2. 유대인의 책들
기록 토라 14
구전 토라 15
예언서와 기록서, 그리고 그 진짜 순서 18
그마라 20
기타 유대 문헌들 21
한글 성경의 오역들 23
토라 공부란? 24

Chapter 3. 유대인과 히브리어
고대 히브리어, 현대 히브리어? 27
잘못 표기되는 한글 음역 히브리어 28
성지와 히브리어 30
대표적인 종교적 히브리어 표현들 38

Chapter 4. 유대인의 삶
유대인의 탄생 42
유대교의 결혼관 43
유대교에서 얘기하는 술 45
유대교의 죽음관과 내세관 47

Chapter 5. 유대교의 특별한 개념들
유대교의 메시아관과 구원관 52
악, 그리고 싸탄 57
아보다 자라 60
자유의지 62
진화론에 대한 유대교의 태도 67

회개의 길 68
세상은 발전하는가? 퇴보하는가? 73

Chapter 6. 유대인의 문화들
샤바트 77
코셔 78
메주자 85
요일과 시간 86

Chapter 7. 생소한 유대 절기들
유드 자인 베타무즈 89
티샤 베아브 90
투 베아브 91
로쉬 하샤나 92
욤 키푸르 94
투 비슈바트 96

Chapter 8. 노아하이드, 그리고 유대교 개종자
이방인? 비유대인? 100
노아하이드 101
유대교 개종자 107

Chapter 9. 유대인과 이스라엘 땅
정통파? 초정통파? 113
유대교의 대표적인 분파들 115
유대인의 뿌리 논쟁 121
이스라엘 성지순례라는 것의 현실 123
팔레스타인의 허구 126
예루살렘은 3대 종교의 성지? 134

에필로그 - 나의 개종 이야기

유대 용어 모음

노아하이드 축복문과 특별한 기도문

Chapter 1.
창조주

Chapter 1. 창조주

창조주의 이름

유대인들이 부르는 신의 이름은 무엇인가? 이 문제는 비밀스럽게 다뤄지지 않았음에도 불구하고 세상은 그들이 원하는 방식으로 발음을 붙여 불러왔다. 유대인들이 얘기하는 신의 온전한 이름은 비밀스럽게 보전한 것이 아닌 단지 잊혔을 뿐이다. 그리고 그 이유는 예루샬라임(예루살렘)에 있는 성전의 부재 때문이다. 유대인들은 신의 이름을 어떻게 부를까?

하쉠

유대인들이 일상에서 가장 많이 부르고 논하며 표현하는 신의 이름은 하쉠(השם)이다. 이것은 간단히 풀어보자면 '그 이름'을 뜻하는 의미로, 신의 이름의 거룩함을 함부로 남용하지 않는 의미에서 최대한 간단하게, 하지만 누구나 그 대상을 알 수 있게 고유명사처럼 부르게 된 이름이다. 그 표현은 기독교계에서 부르는 여호와나 야훼와 달리 신의 이름을 잘못 부르는 실수 자체를 방지할 수 있는 의미를 가진다.

하쉠의 본 이름은 히브리어로 네 글자(유드 헤 바브 헤)다. 그러나 그 이름은 극도로 조심스럽게 여겨져 성전이 있던 시대에서조차 필요한 때 자유롭게 불린 건 아니었으며, 그 각 글자의 발음을 온전하고 정확하게 부르는 순간은 일 년 중 오직 한 차례, 욤 키푸르(대속죄일) 때뿐이었다. 지금도 욤 키푸르는 유대인들에게 지켜지고 있지만 마쉬악흐(메시아)의 시대가 오기 전까지 우리 모두는 정확한 하쉠의 이름을 알 수 없다.

Chapter 1. 창조주

아도나이

그러나 유대인들이 하쉠을 좀 더 특별하게 부르는 이름과 순간이 따로 있는데, 바로 '나의 주인'이라는 의미를 지닌 아도나이(אדני)가 그것이다. 앞에서 얘기한 하쉠의 네 글자 이름은 그렇게 회중과 개인의 토라 낭독, 기도, 축복 시에만 아도나이라는 이름으로 공적으로 불린다. 그래서 그 이름 또한 분명하게 하쉠의 이름은 아니지만 그 글자는 마음대로 아무데나 쓰지 않으며, 발음 또한 절대 일상의 아무 때나 발음하지 않는다.

하카도쉬 바룩흐 후

하카도쉬 바룩흐 후 (הקדוש ברוך הוא)는 문자적으로는 거룩하고 복되신 분이라는 말로, 주로 유대 종교인들이 하쉠의 이름을 일상이나 토라를 공부하는 자리에서 표현하는 이름이다. 그마라(탈무드)에는 이 이름의 표현이 많이 쓰여 있다.

엘로킴

이 이름은 한국에서 하나님/하느님으로 번역하여 부르는 엘로힘이라는 단어를 역시 하쉠의 경우처럼 그 분의 이름이 마음대로 아무 때나 불려지는 것을 방지하기 위해 거룩을 의미하는 글자 카도쉬(קדוש)의 앞 글자인 쿠프(ק)의 ㅋ 발음을 이름 중에 붙여 부르는 특별한 방식이다. 그래서 이 역시도 토라 낭독과 기도, 축복 시에는 엘로힘이라는 원래의 발음으로 불린다.

Chapter 1. 창조주

보레 올람

보레 올람(בורא עולם)은 세상의 창조주라는 의미이며, 감사의 순간에 특히 많이 표현되는 이름이다.

야/엘

할렐루야, 이스라엘이라는 말로도 특히 익숙한 단어에서 쓰이는 이름 중 야(יה)는 하쉠의 이름의 축약형, 그리고 엘(אל)은 엘로킴의 축약형으로 이해를 해볼 수 있다. 그래서 유대 종교인들 중 어떤 이들은 그러한 단어도 엘로킴의 표기의 경우처럼 일반적인 상황에서의 표기 시 '할렐루카'와 같은 방식으로 표기하기도 한다.

샬롬

샬롬(שלום)이 하쉠의 이름 중 하나라는 사실을 알면 의아할 이들이 많을 것이다. 다른 언어권의 인사말처럼 동등한 일반적인 인사말로 인식하기 때문이다. 그러나 샬롬은 하쉠의 속성이기도 하면서 그분의 이름을 표현하는 것 중 하나가 된다. 하쉠께선 샬롬의 뜻인 평화를 행하시는 분이자 평화 그 자체이신 분이다. 그래서 유대인들은 거룩하지 못한 장소, 예를 들어 화장실 같은 곳에서 볼일을 보며 샬롬이라는 말을 입 밖으로 꺼내지 않는다.

신의 계명들

많은 사람들은 죽음의 순간을 삶의 모든 것의 끝으로 보거나 눈에 보이

Chapter 1. 창조주

는 선과 악의 절대적 판단이라는 것을 통해 영원한 천국이나 지옥 등을 얘기한다. 하지만 유대인들이 토라를 통해 분명히 인지하는 점은, 사람은 죽어서 그의 계명의 행함이라는 것을 가지고 하쉠 앞에서 그의 생에 대한 판단을 받는다는 점이다.

계명이라는 내용의 기본 단어는 '명령하다'라는 의미를 가진 찌바(צו)와 관련이 있는 미쯔바(מצוה)로, 기독교계에선 그것을 '율법'으로, 특히 모세의 율법과 같은 표현 등으로 그것이 마치 사회와 각 개인 간에 세워진 법과 같은 의미 등으로 한정하는데, 이것이 세상에 오랜 시간 오해되어 어느 세상도 법이 없는 세상은 없음에도 불구하고 단지 그들과 다른 방식을 지니는 유대인들을 향해 조롱하고 정죄하는 바탕이 되어 왔다.

기본적으로 미쯔바(계명)는 토라라는 가르침을 통해 하쉠께서 이스라엘에게 '이러한 삶을 살아야 한다'라고 명령을 하고 그에 대해 상호 계약을 맺은 계명을 의미한다. 그리고 중요한 것은, 창조주께선 유대인에게만 계명을 주신 것이 아니라는 것으로, 비록 그 구체적인 내용이 어느 정도 다르더라도 모든 인간은 하쉠의 계명을 함께 명령받았다는 것으로서(Chapter 8. '노아하이드' 참조) 그 점이 모든 사람이 생을 마감할 때 그의 삶이 판단되는 기본적인 척도가 되어준다.
모든 인간에게 부여된 기본적인 계명은 7개이며, 토라의 전체를 모두 직접 받은 유대 민족은 십계명이 아닌 613개의 계명을 따른다.
토라에서 히브리어 원문으로 확인할 수 있는 계명의 일반적인 이해와 종류는 세 가지로 구분되는데, 어떤 역사적 사건이나 유대인들의 믿음을 증언하는 증언들의 의미를 가지는 에디요트(עדיות), 인간 사회의 안전과 생존을 다루는 민법들의 의미를 가지는 미슈파팀(משפטים), 그리고 인간의 지능으로 이해되는 것만은 아닌 거룩하고 신성한 법령들의 의미를 지니는 후킴(חוקים)이 그것들이다.

전능자의 본질

유대교는 창조를 행하신 전능자의 본질에 대해 구체적인 사항이 어떻다고 개인적인 생각으로 확고하게 규정하지 않는다. 다만 토라의 가르침에서 확인할 수 있는 내용을 따라 다음의 내용 등에는 이의를 두지 않을 뿐이다:

하쉠의 존재하심

이것은 의심의 여지가 없는 절대적인 것이다. 토라는 엘로킴께서 세상을 창조하셨음을 분명히 기록하며, 그 엘로킴은 하쉠임을 창조의 이야기에서 분명하게 언급한다. 하쉠의 존재 자체가 우주와 우리의 세상에 대한 전제조건이며, '엘로킴께서 창조하셨다'라는 말은 그는 어떻게 창조되었는가, 그리고 그의 이전엔 무엇이 있었는가에 대한 질문을 차단한다.

하쉠의 유일하심

유대인들이 적어도 하루에 두 번, 많게는 여러 차례 얘기하는 쉐마 이

Chapter 1. 창조주

쓰라엘(드바림 6:4)은 '하쉠, 우리의 엘로킴은 한 분이시다'라고 분명하게 선언한다. 그는 나뉘어질 수 없으며, 오직 혼자서 창조의 능력을 행하신 분으로, 사람의 유한함은 그 분의 무한함에 비견될 수 없음을 확고히 이해시킨다.

하쉠의 영원하심

하쉠에겐 시간이 없다. 모든 것을 창조하셨다는 그 분의 존재 아래에는 우리에게 절대적인 것 같은 시간조차 그 분에게 속한 창조물일 뿐이다. 그 분에겐 과거와 현재와 미래가 동시에 하나이며, 시작도 끝도 없으시다.

하쉠의 거룩하심

하쉠의 이름은 어떤 식으로든 그 이름을 사용하는 것 자체로도 힘이 있을 정도로 거룩하다. 그 분의 구별되심은 그 분의 자비와 심판이 이 세상 그 누구의 판단과도 비교할 수 없는 정의의 균형으로 완벽하게 행해진다는 데에 있다.

참고로 하쉠의 본질과 존재에 관하여 중요한 개념은, 그 분은 영조차 아니라는 것이다. 신약의 요한 복음 4:24에 기록된 '하나님/하느님은 영이시니'라는 구절 하나로 인해 세상의 많은 이들에게 신 또한 영적 존재라는 것이 의례 당연한 것으로 인식되었지만, 타낙흐(성경) 전체와 그 어떤 유대 문헌 가운데에서도 하쉠의 형태에 대해서는 상상하는 것조차 강하게 금지되어 있는 것이 사실로, 루악흐 하엘로킴(רוח האלקים)이라는 것이 하나님의 영으로 번역된다는 이유때문에 그것이 하쉠 자신이라는 말도 안되는 신격화로 해석하는 경우도 있으나 중요한 것은 하쉠께선 그 모든 개념 이상의 존재로, 영이라는 것조차 하쉠의 창조 안에 속해 있다는 것을 인지해야 한다.

그 분이 단지 보이지 않는다는 것 때문에 자연스럽게 '하쉠께선 영이다'라고 인식해야 하는 것이 아니라는 것이다.

예배

하쉠께 예배한다/예배 드린다와 같은 말은 이제는 너무나 보편적으로 쓰여서 그것이 잘못된 표현인지조차 느끼지 못하는 이들이 많다. 그러나 원래 예배의 사전적 의미라 할 수 있는 예를 갖추어 절한다는 것은 우상 숭배에 대한 표현 방식으로, 히브리어 원전에는 기독교에서 예배라고 부르는 것에 상응하는 히브리어 단어가 없음을 말할 때 다들 고개를 갸웃하게 된다.

히브리어 원전에는 Worship이라는 의미로 사용되는 '예배'라는 단어가 아닌, Service라는 의미의 '섬김'이라는 단어가 사용된다. 히브리어로는 일(work)과 동의어인 아보다(עבודה)라고 하며, 하쉠께 예배한다고 하는 것이 아닌, 하쉠을 섬기는 것이다. 이미 오랫동안 쓰던 표현이기에 계속 쓰자고 하기에는 우리의 언어로 알게 모르게 토라의 의미를 왜곡시키고 있는 것이다.

Chapter 1. 창조주

유대인들이 성전에 제물을 가져오고 그것을 바치며 엎드리는 행위를 예배로 생각할 수도 있으나 정확하게는 유대인들이 제물을 가져오면 코헨(제사장)들이 그것을 가지고 제사에 필요한 여러 행위들을 하는 것이 하쉠을 섬기는 것이고, 자기의 제물이 기쁜 의도이든 죄의 용서를 구하는 의도이든 그 연기가 하늘을 향해 흐트러지지 않고 올곧게 올라가는 모습을 보면서, 엎드리는 자는 그 엄중함을 감히 감당하지 못하기에 하쉠 앞에 엎어지는 것이다.

하쉠을 믿고 그분의 명령에 따르겠다 하는 것은 그분께 예배하는 것이 아닌 그분을 섬긴다는 것을 알아야 할 것이다.

찬양

노래를 하는 것이 찬양이 아니다. 찬양의 정의는 분명하게 '훌륭함을 기리어 드러내는 것'을 얘기한다. 하쉠을 찬양한다는 것은 말 그대로 하쉠을 칭찬하는 것이다.

찬양에 대한 관점은 크게 두 가지가 잘못되었는데, 하나는 음악이 아니라는 것과, 다른 하나는 종교적인 메시지가 아니라는 것이다. 그냥 좋은 메시지, 또는 철학적이거나 막연하게 비유적인 내용 등이면 그것은 찬양을 하는 것이 아니다.

찬양은 음악이 아니기에 샤바트(안식일)에 유대인들의 회당은 시끌벅적한 악기 연주 등을 하지 않는다. 찬양은 그러한 분위기 속에서 이루어지는 것이 아니기 때문인데, 악기 등을 만든 것은 인간이지만 하늘로부터 온 것은 목소리뿐이기 때문이다. 그것으로 하쉠을 찬양하는 데는 부족함이 없다. 하쉠을 높이는 어떠한 말이라도 타낙흐(성경)에서 본다면, 그것을 읽든, 말로 해보든, 가사로 사용하여 노래를 불러보든 그것이 바로 다 찬양이다.

믿음

유대교뿐만이 아닌 모든 종교에서 믿음이라는 것은 자기가 믿는 신앙의 기초를 드러내는 중요한 요소가 된다. 그러나 무엇을 어떻게 믿는 것이 자기 신앙에 대한 믿음인지, 그리고 심한 경우 믿음이라는 것이 무엇인지 헷갈려 하거나 어려워하는 경우가 있다.

히브리어로 믿음은 에무나(אמונה)라고 하는데, 같은 어근에서 한국에서도 유명한 아멘(אמן)이라는 말이 연결된다.
에무나는 하쉠의 약속에 대한 완전한 신뢰를 나타내는 의미이다. 간단하게는, 유대교는 그것이 믿음의 정의임을 가르친다. 그 약속이라는 것은 이스라엘 전체의 운명에 대한 약속, 유대인 각 개인에 대한 약속, 그리고 세상을 향한 약속 등 타낙흐(성경)에서 비추는 여러 의미의 약속들이다.

한 가지 특이한 점은, 토라는 시나이 산(시내산)에서 토라를 받은 세대나

Chapter 1. 창조주

다음의 모든 세대를 향해 말할 때 믿음이라는 용어를 사용하지 않았다는 것이다. 토라는 그 때 일어난 모든 일을 기준으로 말할 때 그 당시의 세대나 조상들에 의해 목격된 것으로 '보았다', 그리고 '알고 있다'라는 용어로 설명하며, 그것은 확실한 지식으로써 그들과 함께 했다. 사람의 에무나는 기본적으로 매우 취약한 시스템을 가지고 있다. 그것은 무신론자들로부터 토라적 진실이 아닌 문학 등으로 인해 손상될 수 있는 여지도 매우 크기에 토라는 종종 에무나를 손상시킬 수 있는 모든 영향으로부터 자신을 분리하라고 이스라엘에게 거듭 경고했다.

하박쿡2:4에서는 믿음에 대한 유명한 구절을 다룬다: '의인은 그의 믿음으로 살 것이다.' 그러한 얘기가 나온 본질은, 타낙흐(성경) 전체는 그 누구도 실제로 모든 계명을 행하지 않더라도 믿음만 있으면 누구든 좋은 유대인이 될 수 있다고 얘기하지 않는다는 것에 있다.

그래서 그 내용은 '믿음만 있으면 구원받는다'가 아닐뿐더러, 그러한 목적을 위한 내용으로 사용되어서는 더더욱 아니 될 것이다. 하박쿡(하박국)예언서의 해당 내용은 가르침이기도 하면서 동시에 이스라엘 민족의 큰 부분을 차지하는 에무나가 결함이 있을 것을 예견한 예언이기도 한데, 그래서 그 의미는 모든 유대인들이 자신의 에무나를 완성하기 위해 노력해야 하며 그렇게 해야 다가올 세상에서뿐만 아니라 지금의 이 세상에서도 '살아있는' 의인이라고 불릴 것이라는 내용을 암시하고 있다.

Chapter 1. 창조주

그렇다면 에무나를 완성하기 위한 노력은 무엇을 말하는 것일까?

그것은 다른 것이 아닌 토라를 공부하고 행하며, 자신의 삶에서 하쉠과의 거리가 가까움을 느끼게 하는 것이다.

Chapter 2.
유대인의 책들

Chapter 2. 유대인의 책들

기록 토라
(תורה שבכתב 토라 쉐빅흐타브)

기록토라 책의 예시

기록 토라라고 부르는 책의 범위는 흔히들 모세 오경으로 알고 있는 베레쉬트(창세기), 슈모트(출애굽기/탈출기), 바이크라(레위기), 바미드바르(민수기), 드바림(신명기)의 범위를 둔다. 유대인들도 그것을 숫자 5를 의미하는 단어에서 온 후마쉬(חומש), 또는 하미샤 훔쉐이 토라(חמשה חומשי תורה)로 칭한다.

기록 토라는 유대교에서는 구전 토라와 범위를 함께 두어 그 전체를 토라로 칭하는데, 토라의 권위는 절대적으로, 다른 많은 유대 문헌들은 모두 토라 공부를 위한 것이라고 얘기할 수 있는 이유가, 그것이 사람의 자의적인 기록이 아닌 하쉠으로부터 직접 전수된 기록이기 때문이다. 성경이라는 범주에서도 예언서와 기록서 역시 토라를 받쳐주는 역할로, 기록 토라 전체를 직접 쓴 모세(모세)의 예언성과 거룩함은 역사상 모든 이들 중 가장 높은 것으로 인정되기(드바림 34:10) 때문이다.

Chapter 2. 유대인의 책들

구전 토라
(תורה שבעל פה 토라 쉐바알 페)

구전 토라의 범위는 기록 토라보다 꽤 넓은 편이다. 혹자들은 미슈나(미쉬나)를 그 한정으로 얘기하는 사람들도 있지만, 토라의 전설 이야기라고 여기는 미드라쉬의 많은 부분도 구전 토라의 범위안에 포함된다. 기록 토라 전체에서 확인할 수 있는 613개의 계명들은 구전 토라에 의해 제공되는 명시적 설명 없이는 이해할 수 없다. 예를 들어 드바림(신명기) 6:8의 '토타포트(טטפות)'에 대한 계명은 한글 성경에서 해당 부분을 '표' 등으로 번역했는데, 모세로부터 직접 구전의 가르침을 받지 않았다면 유대인들은 토라의 의도를 절대 이해할 수 없었을 것이다. 제사에 대한 세부적인 내용도 마찬가지여서, 제사를 드리라는 명령이 기록 토라에 있다면, 그것을 어떻게 올바로 행해야 하는 가는 구전 토라를 통해서만 제대로 알 수 있다. 구전 토라의 존재는 기록 토라에서 모세(모세)가 이스라엘 백성들에게 계명을 설명할 때마다 직접 언급한 '내가 네게 언급한 대로'라는 구절들과 '이 가르침들'이라고 복수형으로 표현된 내용들(슈모트 18:16, 20)을 통해 그 존재들을 알린다.

모세 시대서부터 미슈나를 집대성한 인물인 라비(랍비) 예후다 하나씨의 시대에 이르기까지 구전법은 대중들에게 전파하기 위해 기록된 적이 없었다. 싼헤드린의 수장이든 예언자이든 각 세대별 토라의 권위자들은 그들의 스승들로부터 받은 가르침들을 개인적으로 기록하여 사람들에게 구전으로 가르쳤다.

Chapter 2. 유대인의 책들

그러한 개인 필사본은 전승된 내용의 세부 사항뿐만 아니라 당대의 13가지 해석학적인 규칙도 적용하여 공표하였으며, 이후 싼헤드린에서 비준한 새로운 법률들도 같이 포함했다.

제자가 스승의 이름으로 토라 학당에서 동료들에게 반복하여 들려주는 모든 할라하나 그에 대한 토라법들은 마치 스승 자신이 말하는 것처럼 받아들여졌고, 명시적으로 달리 표현하지 않는 한 현인들이 선언한 토라법적인 의견은 그들의 스승들로부터 온 것으로 간주되었다.

라비 예후다 하나씨가 모세로부터 온 모든 결정, 법률, 해석 및 설명을 수집하거나 싼헤드린이 혁신을 선보인 내용들을 수집하고 그것들로부터 미슈나를 구성할 때까지 이러한 절차만이 받아들여졌다.

라비는 본문이 널리 기록되고 알려지며 유포될 때까지 공개적으로 가르쳤고, 그렇게 함으로써 구전 토라가 유대인들 사이에서 잊히지 않도록 했다.

라비는 왜 '현상 유지법'을 따르지 않았을까?

그것은 성전의 파괴 이후 토라 연구의 수준이 갈수록 낮아지고 로마 정부의 세력이 확대되면서 고난과 함께 유대인들이 점점 흩어지고 있음을 감지했기 때문이었다.

구전 토라는 기록 토라의 해명과도 같은 것으로, 선생이 함께하여 그 의도를 설명해 주어야만 이해될 수 있었다. 애초부터 기록으로 작성하는 것이 허용되었다면 오역의 가능성을 무시할 수 없는 내용들이었고, 그렇기에 구전 토라는 애초부터 모세에게 입으로 전해졌던 것이었다. 그

Chapter 2. 유대인의 책들

러나 날이 갈수록 적들의 악한 법들과 많은 어려움이 이스라엘 백성들을 토라에서 분리시키겠다는 위협으로 인해 '이제 하쉠을 위해 행동할 때'라는 문제가 제기되자 유대 현인들은 구전 토라의 기록화를 허용하지 않을 수 없게 되었다.

따라서 라비는 모든 이들을 위해 하나의 통일된 저작물을 작성해 빨리 배우게 하고 잊히지 않도록 했으며, 그와 그의 위원회는 사람들에게 미슈나를 가르치는데 있어 그렇게 평생을 바쳤다.

다음은 시나이 산에서부터 아모라임('말하는 자들' – 역자 주) 시대까지 토라의 구전 계보를 소개해 본다:

1. 시나이 산에서 온 유대 민족이 보는 앞에 전능자로부터 토라를 받은 모세
2. 예호슈아
3. 판관들(사사들)
4. 예언자들
5. 대의회의 일원이었던 쉼온 하짜딕
6. 안티고누스
7. 요쎄 벤 요에제르와 요쎄 벤 욕하난
8. 예호슈아 벤 페락흐야와 아르벨의 니타이
9. 예후다 벤 타베와 쉼온 벤 샤탁흐
10. 슈마야와 아브탈욘
11. 샤마이와 힐렐

12. 힐렐로부터 라브 쉼온

13. 그의 아들인 장로 라반 가믈리엘

14. 그의 아들인 라브 쉼온

15. 그의 아들인 라브 가믈리엘

16. 그의 아들인 라브 쉼온

17. 그의 아들인 예후다 하나씨

18. 라브와 슈무엘

19. 라브 후나와 라브 예후다

20. 라바와 라브 요쎄프

21. 라바

22. 라브 아쉬와 라비나

23. 마르 바르 라브 아쉬

예언서와 기록서, 그리고 그 진짜 순서

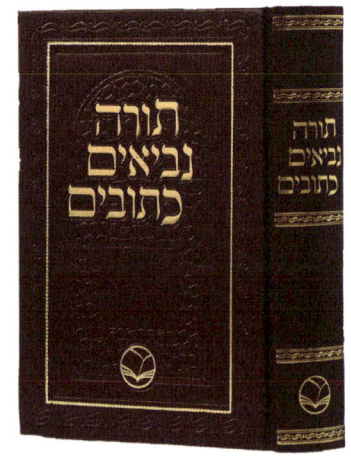

기독교계에서 '구약성경'으로 칭하는 유대인들의 책은 실제로는 그 구성이 사뭇 다르다. 앞에서 설명한 토라(기록 토라)와 함께, 예언서(נביאים 네비임), 기록서(כתובים 크투빔)로 구성된 모든 책들을 합하여 그 앞 글자들을 부르는 약칭, 타낙흐(תנ״ך)로 부른다. 그리고 예언서와 기록서 내에서 상/하로 구분된 책들의 경

Chapter 2. 유대인의 책들

우 원래는 하나의 책으로만 분류를 하며, 예언서 내에서도 대예언서와 소예언서로 구분하여 책의 통합 여부를 달리 하기 때문에 타낙흐는 총 39권이 아니라 25권의 책이 된다.

타낙흐의 책이 토라-예언서-기록서의 순으로 구분되어진 이유는, 단순한 시간의 흐름을 따라서가 아닌 그 책들이 쓰여진 영감의 영적 수준에 따라서 나뉜다.

토라를 쓴 모셰(모세)는 언제나 하쉠과 자유롭게 대화했고 예언의 수준도 놀랍도록 선명하게 부여받았으며, 그러한 현상들이 문체에 반영되었다. 그러나 예언서의 예언자들은 자유로운 순간이 아닌 주로 밤에 꿈을 통해 예언을 받거나 낮 동안에 예언만을 인지하는 환상 속에 가둬지는 등으로 예언을 받았고, 그마저도 기록서의 저자들은 그것이 성령으로 쓰였더라도 그들이 예언을 부여받은 상황에 일상의 모든 감각을 온전히 느낄 수 있을 정도로 예언의 수준이 낮았다.

기록서를 시가서 등으로 번역해 소개하는 경우도 있으나, 해석으로도 기록들이라는 의미를 가진 크투빔이라는 이름이 붙은 이유는 그것들이 성령으로 기록된 글들의 모음이라는 의미를 지니기 때문으로, 시가서라는 분류의 번역은 맞지 않다.

예언서와 기록서의 분류는 다음과 같다:
네비임(예언서): 예호슈아(여호수아), 쇼프팀(사사기/판관기), 슈무엘(사무엘

Chapter 2. 유대인의 책들

상/하), 멜라힘(열왕기 상/하), 예샤야후(이사야), 이르메야후(예레미야), 예헤즈켈(에스겔/에제키엘), 소예언서들(호쉐아, 요엘, 아모쓰, 오바드야, 요나, 믹하, 나훔, 하박쿡, 쯔판야, 하가이, 즉하르야, 말악히)

크투빔(기록서): 트힐림(시편), 미슐레이(잠언), 이요브(욥), 쉬르 하쉬림(아가서), 루트(룻), 엑하(예레미야 애가), 코헬레트(전도서), 에쓰테르(에스더), 다니엘(다니엘), 에즈라(에스라), 늑헴야(느헤미야), 디브레이 하야밈(역대 상/하)

그마라

바빌로니아 탈무드

한국에서 탈무드로 유명한 이 책은 이스라엘에선 그 중심 본문이기도 한 그마라(גמרא)라는 이름으로 더 많이 불린다.

탈무드에 관한 한국의 큰 오해는 열이면 아홉은 그것을 어떠한 교훈적인 이야기 책으로 인식한다는 것이다. 하지만 탈무드는 기본적으로 성경을 알게 하는, 더 자세히는 토라를 올바로 이해할 수 있게 해주는 책과 동시에 그 자체가 구전 토라의 집대성으로, 탈무드를 공부하는 것은 곧 토라를 공부하는 것이다. '유대인들은 탈무드를 토라보다 귀하게 여긴다'라는 말도 있긴 하지만, 언급한 대로 기록 토라와 함께 구전 토라의 집대성인 탈무드는 모두 같은 토라이기 때문에 얘기하는 것처럼 급을 나눌 수 있는 것이 아니다. 또한 마찬가지로, 탈무드를 지혜서나 법전 등의 카테고리로 나누는 것도 토라를 어떤 한 카테고리로 분류할 수 없듯, 의미 없는 분류이다.

탈무드는 내용이 너무 방대한 나머지 어느 한 시대에 책이 완성된 게 아닌, 예루샬라임(예루살렘) 성전의 파괴 이후 몇 세기를 거쳐가며 그 내용이 모아지고 편찬되었다. 그리고 기록 토라는 물론이고 탈무드에서 최종적으로 모아진 모든 가르침은 전세계로 흩어진 유대 공동체에게 유대적인 정체성을 지키며 살아갈 수 있는 기준을 지금까지도 명확하게 가르쳐준다.

탈무드는 함께 토론을 하며 공부하는 방식인 하브루타 방식이 유명하지만, 그것이 반드시 탈무드를 두 사람이서 토론으로 공부해야 한다라는 것이 의무는 아니며, 두 사람 이상이 함께 모여 그 내용에 대해 함께 공부하는 것이 권장되는 의미이다.

기타 유대 문헌들

앞서 얘기한 것처럼 모든 유대 문헌들의 존재의 목적은 '토라를 바로 알게 하기 위함'이다. 워낙 많은 종류들이 있지만 그 분류 상 특수성을 띠는 것들을 몇 가지 소개해 보자면, 성경에 관련한 전설 이야기로 치부하기도 하는 미드라쉬(מדרש)가 있다. 사실 미드라쉬는 어떤 책 종류에 집중하기보다 토라를 비롯해 유대 문헌 전반에 해석 방식으로 다양하게 녹아 있는 형태이기 때문에 모든 유대 문헌에 영향을 미치는 핵심적인 내용이라고 얘기할 수 있다.

그리고 토라적 삶의 방법을 법적으로 제시한 할라하(הלכה)라는 내용을 다양한 책으로 정리한 것들이 있는데, 싼헤드린이 존재하던 시기에 여러 송사를 담당하던 판단이 바로 이 할라하를 기준으로 이루어졌다. 현재의 유대 종교 법정 또한 이 할라하를 기준으로 법적 적용을 하며, 할라하는 단순한 헌법의 의미가 아니기 때문에 그 내용만 따로 공부하는 것도 엄연한 하나의 토라 공부로 간주된다.

그리고 또 하나는 한국에서도 꼭 유대교가 아닌 경로로도 유명한 카발라(קבלה)의 개념이 있는데, 기본적으로 유대 신비주의로 알려지며 토라와는 결이 다른, 마치 마법을 다루는 학문처럼 알려져 있으나 카발라와 관련한 가장 유명한 저서인 조하르(זהר)만 봐도 마법서가 아닌 토라의 가장 깊은 해석을 다루는 해설서임을 알 수 있다. 다만 카발라는 그 개념을 공부하는 것에 있어 삶을 충분히 경험하고 토라에 대한 지식을 올바르게 갖춘 나이와 수준을 요구하며, 조심스럽게 접근할 것을 권장한다.

그 외에도 라쉬(רש״י)와 람밤의 미슈네 토라(משנה תורה)등은 기록 토라와 특히 탈무드를 공부하는 데 있어 그 이해를 위해 반드시 함께 공부해야 하는 내용들이다.

한글 성경의 오역들

번역된 성경의 내용이 완전할 수 없다는 것은 비단 학자들뿐만 아닐지라도 많은 이들이 동의하는 내용이다. 그러나 그것이 이해할 만하다고 여긴다면, 그것 또한 반은 맞고 반은 틀리다. 히브리어 단어들이 가지는 특별한 의미들은 직역한 문장 하나로 온전히 이해할 수 있다고 얘기하는 것이 불가능한 구조이기 때문이다. 그러나 심지어 단지 한 의미의 내용을 번역해 둔 문장 같은 얘기가 아닌, 그 의미조차 번역이 잘못된 것이 들어가 있는 것은 또 다른 얘기이다.

슈모트(출애굽기/탈출기)에서의 번역들을 몇 가지 예로 들어 보자면, 모셰(모세)가 이집트에서 자라던 시절인 2:12의 내용에서 한글 성경들은 그 애굽 사람을 쳐 죽여/그 이집트인을 때려 죽이고서 등 죽였다는 것에 포인트를 두고 내용을 붙였으나, 원문에선 그저 쳐서 눕히다/쓰러뜨리다라는 의미를 가지는 낙하(נכה)라는 단어의 의미만 사용했다.
유대인들은 '그가 쳐 죽였다'라는 의미가 원문에 없는 이유에 대해 미드라쉬를 통해 그가 실제로 물리적 폭력을 사용한 것이 아닌 하쉠의 이름을 사용하여 그를 '쓰러뜨렸다'라는 내용으로 분명히 연결해 이해할 수 있게 된다.

또한 4:16에서는 정말 큰일날(?) 번역이 나오는데, 한글 번역 대로라면 하쉠께서 모셰(모세)가 그의 형 아하론(아론)에게 '하나님 같이 되리라/하느님이 되어 줄 것이다'라는 의미의 실로 엄청난 비유가 나온다.

이것은 원문에서의 '그에게 엘로힘(אלהים)이 될 것이다'라는 문장 때문에 그렇게 번역이 된 듯한데, 유대인들에게 해당 단어는 하나의 의미가 아니라 세 가지 상황에서의 의미를 담는 것으로, 하쉠을 칭하는 엘로힘은 일반적인 상황에서 그 권위로 인해 '엘로킴'으로 부르며, 다른 두 경우는 우상을 지칭하는 신들을 복수형태로 부르는 경우와 유대 재판정의 재판관들에 대한 엄중한 권위를 인정하는 이름의 의미로서 부르는 경우이다. 그래서 해당 구절에서 이해되어져야 할 의미는 지도자/권위자 등의 번역이 더 적절하다.

토라 공부란?

토라 공부는 왜 해야 하는 것이고 유대교는 그것을 왜 그렇게 강조하는가? 이것은 단순히 좋은 말씀/도덕적 내용을 익혀가며 사람이 '착해지는' 것을 지향하는 것이 아니다.

의외로(?) 토라 공부의 발단은 이미 에덴 정원의 지식 나무(한국에서 선악과라고 번역한) 이야기에서부터 그 이유가 시작되는데, 아담과 하바(하와/이브)가 죄라는 것을 모르던 상태에서 처음 알게 되어서가 문제가 된 것이 아닌, 추상적으로 죄라는 것이 있다는 것을 알기만 하던 때에 금지된 나무, 또는 열매를 먹음으로 자신에게 악한 성향을 가져와 자기 본성의 일부로 만들어 버린 일에서 시작된다. 그 후로 사람이라는 존재는 태어날 때부터 욕심과 이기심, 각종 욕망에 대한 '악한 방향'의 충동을 함께 지니게 되었고, 그것이 본질적으로 사람이 토라를 공부해야만 하는 시작점으로 유대 현인들은 가르친다.

토라 공부라는 것은 토라를 단지 읽고 그 의미를 이해해 보려는 글공부만을 넘어 토라적으로 행동하는 자기 훈련을 통해 자기의 본성과 악한 방향의 욕망을 억제하며 어떤 것이 하쉠의 기준에 좋은 것과 나쁜 것인지를 배워가는 행위이다.

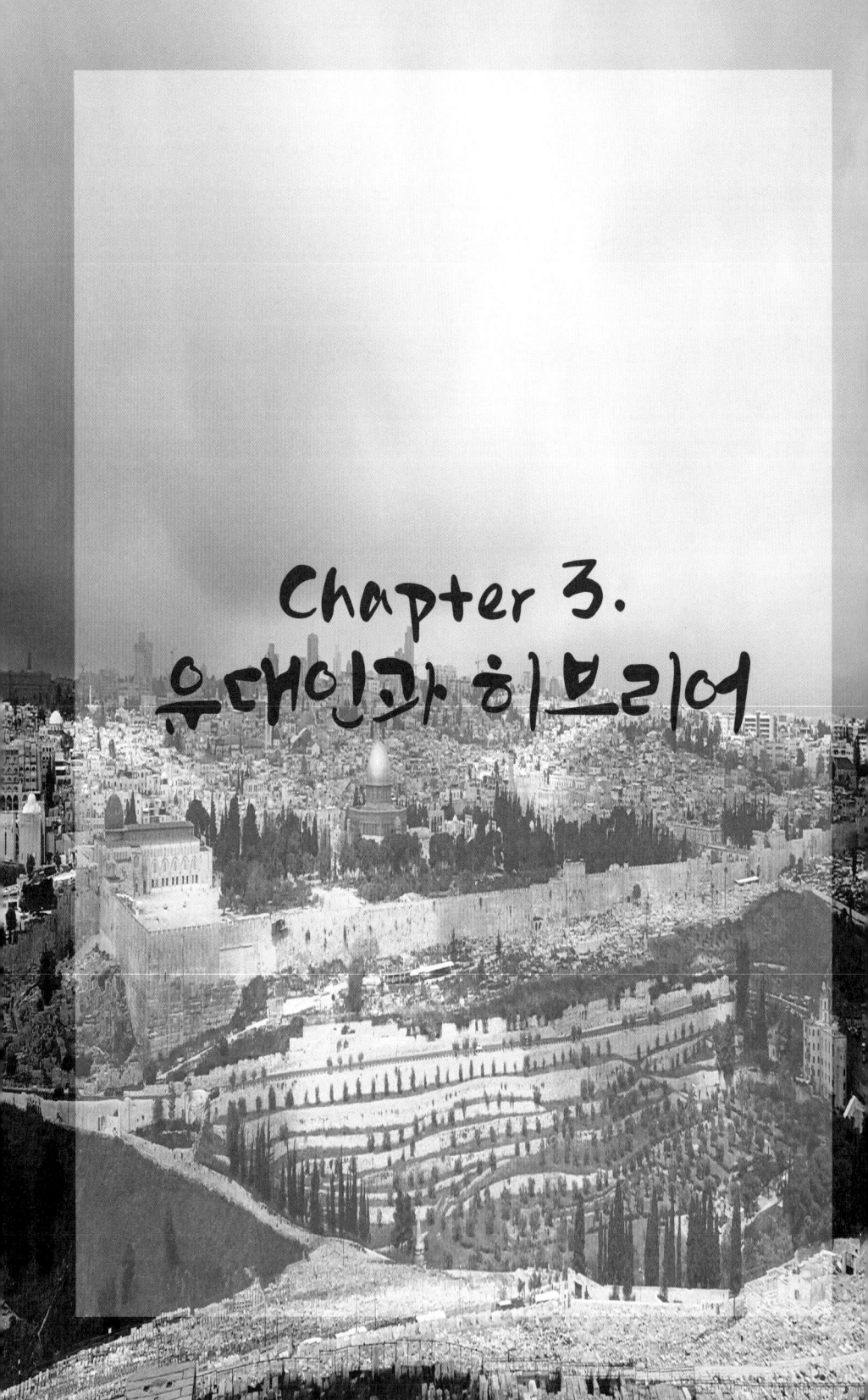

Chapter 3.
유대인과 히브리어

Chapter 3. 유대인과 히브리어

고대 히브리어, 현대 히브리어?

히브리어를 쓰는 방식은 크게 두 가지로 얘기하는데, 크타브 아슈리(כתב אשורי)와 크타브 이브리(כתב עברי)가 있다.

크타브 아슈리는 우리가 지금도 볼 수 있는 히브리어의 모습이고, 두루마리 토라를 쓸 때 사용하는 고급스러운 장식이 들어간 글씨체이다. 오히려 일반적인 글을 쓰는 목적의 히브리어는 크타브 아슈리의 독보적인 장식을 제거한 평이한 글씨체이다. 그리고 크타브 이브리는 현 고고학계에서 고대 히브리어라는 명칭으로 분류한 글자로, 이것은 고대 문헌들에서만 찾아볼 수 있으며, 현재는 전혀 사용하지 않는 글자이다.

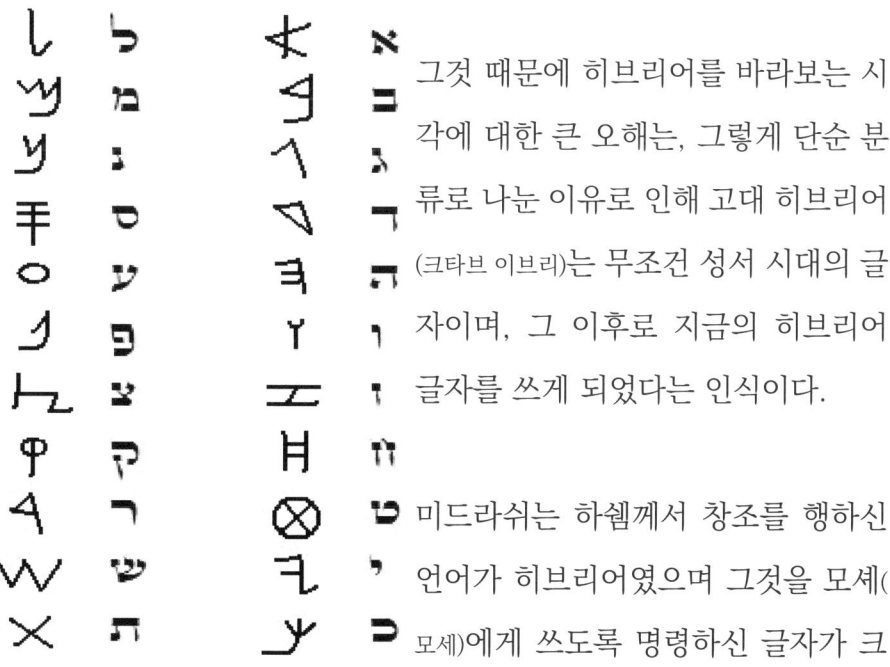

그것 때문에 히브리어를 바라보는 시각에 대한 큰 오해는, 그렇게 단순 분류로 나눈 이유로 인해 고대 히브리어(크타브 이브리)는 무조건 성서 시대의 글자이며, 그 이후로 지금의 히브리어 글자를 쓰게 되었다는 인식이다.

미드라쉬는 하쉠께서 창조를 행하신 언어가 히브리어였으며 그것을 모세(모세)에게 쓰도록 명령하신 글자가 크

Chapter 3. 유대인과 히브리어

타브 아슈리였음을 증언하고, 모셰가 열 가지의 말들을 받은 돌판도 역시 크타브 아슈리였음을 가르쳐준다. 첫 번째 성전이 세워진 초기까지는 두루마리 토라가 그 글자로 쓰여지는 것이 유지되었으나, 첫 번째 성전이 무너지는 시기가 다가왔을 때에는 토라를 포함한 많은 두루마리들이 크타브 이브리로 기록되었다. 예언서에서 나온 많은 예언자들이 활약하던 예후다(유다)/이스라엘 왕국 시기에 크타브 아슈리는 이미 당대의 토라 학자들 사이에서도 소수만 읽을 수 있는 상황이었다. 그것이 바벨론 포로기에 그 궁전에서 기이한 손가락 같은 것이 나타나 글씨를 쓰고 사라졌을 때 다니엘(다니엘)을 제외하고 그 어떤 이도 해석을 하지 못했던 다니엘 5장의 사건을 이해해 볼 수 있는 포인트가 된다. 그 때에는 이미 히브리어 글자를 아는 이들도 모두 크타브 이브리만 익숙했고, 크타브 아슈리를 알아보는 사람이 없었기 때문이었다.

그대로 잊힐 것 같았던 크타브 아슈리 글자는 바벨론 포로기 이후의 새로운 리더 중 하나였던 에즈라(에스라)가 토라 두루마리를 무조건 크타브 아슈리로 다시 쓰기 시작하면서 히브리어가 생활 언어로 다시 살아난 지금에 이르기까지 유지될 수 있었다.

잘못 표기되는 한글 음역 히브리어

중동권의 언어가 대게 그렇지만, 히브리어 또한 한글로 그 발음을 정확하게 담기엔 불가능한 언어이다. 심지어 설명 마저도 개념을 정확하게

Chapter 3. 유대인과 히브리어

심어주기 어려워, 사실상 직접 들으면서 연습이 필요한 언어가 히브리어이기도 하다.

정확한 이유는 모르겠으나, 히브리어는 한국에 처음부터 소개가 됐던 시기부터 이미 발음에 대한 표기법이 엉망이었다. 지금도 많은 히브리어 교재라는 것이 달라지지 않아서, 이스라엘에서 유대인들이 실제로 사용하는 히브리어와 발음 면에서 정확하게 통용되지 않는 것이 현실이다.

 그 중에 발음은 물론 한글로 정확한 표기가 불가능한 헤트(ח)나 하프(כ)의 경우는 더 심해서, 영어 표기로는 ch 발음이라는 것으로 얼마든지 가능하나, 한글로는 비록 발음이 센 편이라도 여전히 'ㅎ'에 가까운데 'ㅋ'으로 표기하는 경우를 많이 본다. 대표적인 예로, 토라와 예언서, 기록서를 합친 타낙흐라는 책을 타나크로 표기하는 경우이다. 영이나 바람을 뜻하는 루악흐(רוח)도 루아흐, 루아크로 쓰는 경우까지 보았으나 실제로 그렇게 발음한다면 유대인들은 알아듣지 못하는 경우가 많다. 그래서 필자는 헤트와 하프 발음에 대한 해결책으로, 해당 자음이 들어갈 발음 앞에 ㄱ받침을 사용하여 의도적으로 닫는 소리를 만들어 해당 ㅎ발음이 강조되는 방식을 시도하였고, 실제로 그러한 방식으로 표기를 했을 때 한글을 읽을 줄 아는 유대인도 그러한 표기를 통해 히브리어 음역이 어떤 것을 얘기하는 것인지 훨씬 더 수월한 이해가 가능한 것을 확인하였다.

Chapter 3. 유대인과 히브리어

물론 해당 발음이 단어의 가장 앞에 들어가는 경우는 ㄱㅎ/ㅋㅎ 등으로 자음을 표기할 수 없다 보니 그냥 ㅎ으로 시작하는 한계는 여전히 둘 수 밖에 없다.

그럼에도 필자가 해당 발음 표기 방식을 고집하는 두 가지 이유는, 특별히 성경이라는 특수한 주제를 두고 얘기하는 경우가 많은 한국인과 유대인들 사이에서 한글을 읽고 쓸 줄 아는 유대인들이 보다 명확한 히브리어 음역을 읽고 이해하게 하기 위함이며, 또 하나는 필자의 유대교 설명 방식을 통해 한국에서 히브리어 토라 등을 직접 읽는 것을 시도해보고자 할 때 단어의 발음이 일단 명확하게 인지되도록 돕기 위함에 있다.

한글 성경의 히브리어 음역은 처음부터 중국 성경의 음역을 거의 그대로 차용한 탓에 사실상 남의 이름이나 지명을 다른 이가 우스꽝스럽게 부르는 꼴이 되어버린 바, 올바른 의미의 이해를 회복하고자 하는 것에 지금까지 관용적으로 쓰이던 오류에 대해 분명히 문제를 제기하는 바이다.

성지와 히브리어

이스라엘은 성경이라는 가장 유명한 유산을 통해 한글로도 각 장소에 대한 다양한 번역과 많은 방식의 이름이 알려져 있지만, 각 지역을 부

Chapter 3. 유대인과 히브리어

르던 원래의 이름에는 의외로 많은 관심을 가지지 않는 모습을 보여주기도 한다. 물론 한국어와 정말 많이 다른 생소한 발음 방식부터 해서 쉽게 기억에 남지 않는 특이한 발음들이 많아 그렇기도 하겠지만, 히브리어로 부르는 도시와 지역 이름들은 여러가지 생각을 안겨주는 깊은 의미들이 대단한 영향을 미친다. 몇 군데의 도시와 지역의 이름을 통해 알아보는 진짜 발음과 의미는 다음과 같다:

헤르몬 - 헬몬산, 헬몬이라는 이름 등으로 알려진 헤르몬(חרמון)이라는 이름은 그 산이 사람이 살기에 춥고 높다 보니 만지면 안되는 어떤 것을 의미하는 헤렘(חרם)이라는 어원에서 그 이름이 유래했다.

키네레트 호수 - 한국에서 갈릴리, 갈릴레아 호수 등의 이름으로 더 유명한 키네레트 호수는 이스라엘에선 '키네레트 바다'라는 의미를 가지는 얌 키네레트(ים כנרת)라는 이름으로 불린다. 막상 그 호수의 이름으로 많이 부르는 갈릴리라는 이름은 사실 그 호수가 포함된 이스라엘

Chapter 3. 유대인과 히브리어

의 북쪽 지역 전체를 일컫는 지방의 이름으로, 히브리어로는 갈릴(גליל) 지방이라고 부른다. 키네레트라는 이름은 하프를 의미하는 키노르(כנור)라는 단어에서 유래되었다.

메기도 – 한국에서 므깃도, 그리고 아마겟돈이라는 이름으로 더 알려진 이 곳의 올바른 발음은 메기도(מגידו)이다. 정확한 이름의 기원 자체

Chapter 3. 유대인과 히브리어

가 알려져 있지 않으나, 이스라엘 곡창 지대의 한 중간에 있던 만큼 수많은 전투를 치러야 했던 운명과 맞물려 전투에 관한 소식을 전하는 메신저들을 의미하는 마기드(מגיד)에서 그 유래가 있지 않을까 하는 내용이 있다.

슈헴 - 이곳은 오랜 역사만큼이나(?) 너무나 다양한 방식으로 원래의 이름이 잘못 불리는 대표적인 장소이다. 한국에선 세겜, 세켐 등으로 표기하며, 아랍인들은 그리스와 로마 시대에서부터 이어진 이름을 아랍어 방식으로 나블루스로 칭한다. 아브라함이 크나안(가나안) 땅을 처음 들어왔을 때에도 이미 도시였던 이곳의 올바른 이름은 슈헴(שכם)으로, 사람의 어깻죽지 가운데를 쉠헴(שכם)이라고 하는데, 도시가 형성된 지역의 모습에서 유래한 이름이다.

Chapter 3. 유대인과 히브리어

예릭호 – 여리고, 또는 예리코로 부르는 도시로, 예릭호(יריחו)라는 이름은 달을 의미하는 야레악흐(ירח)에서 유래되었다는 기본 의미와 함께, 미드라쉬는 하쉠께서 이끄셨던 예릭호에서의 기적적인 승리가 하쉠께 기쁜 향기로 올라가는 제사의 의미가 담긴 레악흐 닉호악흐(ריח ניחוח)라는 깊은 의미가 감추어져 있음을 기록한다.

Chapter 3. 유대인과 히브리어

예루샬라임 – 예루살렘으로 이미 너무나 유명한 예루샬라임(ירושלים)은 보통 평화의 도시라는 뜻이라고 알려져 있지만, 미드라쉬는 그곳이 아브라함의 이야기와 관련하여 하쉠을 향한 두려움(יראה)과 완벽함(שלם)이라는 의미의 합성어임을 기록한다.

Chapter 3. 유대인과 히브리어

헤브론 – 예루샬라임은 아담이 태어난 곳이며, 헤브론은 아담이 삶을 마감한 곳이다. 헤브론(חברון)이라는 이름은 친구, 또는 연결됨이라는 의미를 가지는 하베르/헤베르(חבר)라는 단어에서 유래된다. 미드라쉬는 그곳이 에덴으로 가는 입구에 대한 연결의 의미로 그러한 이름이 붙었음을 기록한다.

대표적인 종교적 히브리어 표현들

바룩 하쉠 (ברוך השם) – 누군가 인사를 건네며 안부를 물어볼 때 대답으로 하는 가장 보편적인 이스라엘식 표현. '하쉠께서 복되시다(그렇기에 언제나 감사한다)'라는 의미를 담는다.

이슈타박흐 쉐모 (ישתבח שמו) – '그분의 이름을 찬양하라'라는 의미로, 바룩 하쉠보다 일반적으로 종교인들만이 주로 사용하는 안부 인사의 대답 표현이다.

베에즈라트 하쉠 (בע"ה - בעזרת השם) – '하쉠의 도우심으로'라는 의미로, 보통 확실하지 않은, 또는 확실하게 하고 싶은 약속을 얘기하는 말들에 붙이는 표현이다.

블리 네데르 (בלי נדר) – 장담할 수 없는 약속/맹세를 얘기할 때 말 뒤에 붙이는 종교인들의 표현이다. '장담 없는'이라는 의미를 가진다.

게르 (גר) – 남자 유대교 개종자

기요레트 (גיורת) – 여자 유대교 개종자

기유르 (גיור) – 유대교 개종(전환)

Chapter 3. 유대인과 히브리어

타할릭흐 기유르 (תהליך גיור) - 유대교 개종 과정.

샤바트 샬롬 (שבת שלום) - '평화로운 안식일 되세요!'라는 인사.

무크쩨 (מוקצה) - 샤바트에 해서는 안되는 것들.

쫌 칼 (צום קל) - '쉬운 금식 되세요!'라는 인사로, 금식하는 애도일이나 욤 키푸르에 샬롬 대신 말하는 종교인들의 인사다. 상(喪)을 당한 이에게 하는 인사는 아니니 주의해야 한다.

가마르 하티바 토바 (גמר חתימה טובה) - 유대인들의 새해인 로쉬 하샤나부터 욤 키푸르 기간까지 10일 동안 가장 많이 주고받는 인사. '하늘로부터 생명책에 좋은 사인으로 봉인되기를'이라는 의미를 지닌다.

베샤아 토바 (בשעה טובה) - 유명한 축하말 '마잘 토브'와 같이 축하한다는 의미를 지닌 표현.

에레쯔 하코데쉬 (ארץ הקודש) - 거룩한 땅이라는 의미로, 이스라엘을 지칭하는 종교적 표현.

이샤르 코악흐! (יישר כוח) - 잘했다, 수고했다 같은 의미로 쓰이는 종교적인 인사말.

하콜 레토바 (הכל לטובה) – 이것은 '모든 것은 좋은 것으로(귀결된다)'라는 의미로, 어떤 어려운 상황에서도 그 모든 것이 하쉠의 섭리 안에 있다는, 이스라엘의 정신력을 나타내는 선언적인 고백이다.

Chapter 4.
유대인의 삶

Chapter 4. 유대인의 삶

유대인의 탄생

유대인은 누가 유대인인가? 유대교의 일반적인 개요에서 유대인을 규정하는 것은 아버지가 비록 비유대인일지라도 유대인 어머니로부터 난 자라면 그 자식은 유대인이다. 성차별이라는 기준으로 반응하는 현대 사회에서 아버지만 유대인이어도 자식을 유대인으로 인정한다는 개혁파(리폼 유대교)와 보수파 유대교의 입장도 있지만, 이스라엘에서 종교적으로 받아들여지지 않고, 아버지만 유대인일 경우 이스라엘에 그에 따른 개종 절차를 거쳐야 한다. 유대교로 개종한다는 의미는, 사실상 어떤 종교로의 개종을 의미하는 것이 아니라 유대인으로서의 전환을 의미하기 때문이다.

타낙흐(성경)는 어머니가 유대인이어야 아이가 유대인이라고 법적인 명시를 하지는 않는다. 그러나 비유대인 남자와 유대인 여자 사이에서 태어난 아이는 유대인이라고 규정할 수 있는 반면에, 유대인 남자와 비유대인 여자 사이에서 태어난 아이는 그렇지 못하다고 볼 수 있는 기록들이 분명하게 존재한다. (바이크라 24:10-16, 드바림 7:1-5, 에즈라 10:2-12) 유대인으로 태어나는 방법에는 출생과 개종의 두 가지 길이 있다. 지금의 현대 이스라엘 국가에서의 기준과는 달리, 토라적인 기준의 탄생의 개념은 태어나면서부터 인생이라 일컬어진다. 산모의 목숨은 태아의 목숨보다 중요하기 때문이다. (미슈나 오할로트 7:6)

사람은 태어나며 아담 이후로 그의 본성에 스며든 죄에 대한 인지를 갖고 태어난다고 한다. 그러나 그것이 씻을 수 없는 원죄의 개념으로 이어지는 것은 아니며, 그가 자라날 교육의 여부로 성향이 결정됨을 가르친다.

아이의 이름이 히브리어 이름이어야 하는 것 또한 매우 중요하다. 여자 아이는 보통 아버지가 그 이름을 태어난 주에 있는 안식일에 토라를 읽는 자리에서 선언하며, 남자 아이의 경우는 생후 8일이 되었을 때 할례를 행하고 그 자리에서 이름이 선언된다. 유대인 남자 아이의 할례는 특히 절대적인 계명이라 생후 8일이 비록 샤바트(안식일)라 하더라도 할례는 예외 없이 행해진다. 다른 모든 계명의 실천과 달리, 할례는 한 번 행하면 그것이 평생 남아 함께 가는 계명이기 때문이다.

유대교의 결혼관

유대인에게 있어 결혼은 삶에서 행해야 하는 가장 필수적인 의무 중 하나이자, 너무 흔해 보여서 인지하지 못하는 신비로운 것으로 가르쳐진다.

결혼을 하지 않는 자는 하쉠께서 선사한 인생을 완수하지 못하는 자로 간주되나, 이것은 결혼을 못하거나, 이혼을 하게 되는 자와는 다른 의미로 이해해야 한다. 그러나 그 모든 경우도, 결코 사회에서 정죄되지 않는다.

유대교는 남자와 여자의 원래부터 서로 다른 속성에 대한 고찰을 오래 전부터 해왔는데, 서로의 이성적 측면과 감성적 측면이 결코 충돌이 아닌 조화를 찾아야 함을 강조해왔다. 그리고 그 역할은 에제르 케네그도(עזר כנגדו)라고 불리는 아내의 역할이 무척 중요하다.

베레쉬트(창세기) 2:20에서 처음 등장하는 이 단어는 한글 성경들에서 돕는 배필, 알맞은 협력자 등으로 번역되었으나, 본래의 의미는 남편에게 맞서 도우는 자로, 어울리지 않아 보이는 두 표현이 함께 들어있는 이유를 깊게 살펴봐야 할 단어이다. 그것은 남편과 아내 모두가 함께 창조주 안에서 의로운 책임감을 성장시키고 유지해 나가야 이해될 수 있는, 결혼 생활의 목적과 신뢰성을 표현하는 단어이기도 하다. 탈무드 또한 결혼하지 않은 남자의 책임에 대한 많은 제한을 두며, 계명의 실천을 위해 결혼을 해야 함을 강조한다.

이렇듯 유대인의 혼인에 정신적인 특별함과 함께 물리적인 특별함을 더하는 것 중 하나는, 결혼 계약서인 크투바(כתובה)이다. 계약서라고 해서 그냥 사무적인 서류의 방식이 아닌, 부부간의 비교적 자세한 혼인 조건들을 담아 아름답게 장식한 문서인데, 크투바를 통해 알 수 있는 중

필자의 크투바 내용을 채워주는 모습

요한 가치 중 하나는, 부부간의 성(性)에 있어 부부 생활이 남편의 결정이 아닌 아내의 권리에 있다는 점이며, 남편은 집을 이끌어 가는 자, 그리고 아내는 집안의 가장 중요한 자로 서로에게 필요한 존중이 올바로 행해지도록 항상 균형을 맞춰야 함을 인식하게 한다

유대교에서 얘기하는 술

유대교는 술에 관해서 전격 허용/비허용의 입장으로 구분하지 않는다. 유대교는 술의 '목적'을 따진다. 술을 취할 정도로 마시는 것은 유대교도 당연히 하지 말아야 할 권고사항으로 둔다.

그렇다면 술을 마신다는 것은 무조건 '취하는' 것인가?
'술 취하지 말라', 또는 '술 마시지 말라' 등으로 성경적인 핑계(?)를 대는 이들은 흔히들 미슐레이(잠언) 23:20-21의 유명한 구절을 기초로 예시를 든다. 그것은 한글 번역 성경에서 '술을 즐겨하는 자들/술 취하고' 등으로 번역이 되어 있는데, 그렇게 번역을 하게 된 문제의 단어 쏘베(אבס)는 그렇게 포괄적인 의미로 생각해 볼 수 있는 단어가 아닌 '이미 스스로 술을 찾아 진탕 취한 상태의 주정뱅이'를 의미하는 것이다.

이것은 분명 '술은 절대 마셔서는 안되는 것이다'라고 설득하는 근거로 제시하기에는 맞지 않아서, 평소에 술이 좋아 인사불성이 될 정도로 술을 마시는 사람의 경우를 위한 경고와 함께 그런 자와 가까이하지 말라는 의미이지, 술을 본질적으로 마시면 안된다는 의미로 얘기한 내용이

아님을 알아야 한다.

그럼 앞에서도 얘기한 유대교에서 가르치는 술의 목적이란 무엇일까? 그것은 술이 식탁에서 토라의 이야기를 '즐겁게' 나누도록 도와주는 보충제와 같은 역할이어야 한다는 것이며, 거기에는 술을 마시도록 권장하는 상황과 술을 마셔서는 안된다는 상황의 구분에 대한 분명한 기준이 있어야 한다.

그래서 그러한 기준으로 술을 마시는 날들을 보면, 매주 찾아오는 샤바트(안식일) 식사들과 샤바트가 끝날 때의 하브달라 의식, 그리고 주요 유대 명절들이 있으며, 특히 푸림(부림절)이라는 명절은 그 명절이 가지는 의미의 즐거움을 배가시키기 위해 오히려 '반드시' 술을 입에 댈 것을 권한다.

그러나 여기서 중요한 포인트는 그 모든 것이 일시적인 즐거움을 북돋을 정도여야만 하며, 그것들이 철저히 그렇게 되도록 짜인 하쉠의 계명 안에서만 즐겨야 한다는 것이다.

그렇게 유대교에서 술은 나이를 불문하고 모든 가족이 함께 마시는데, 물론 어린 아이들도 어른처럼 술 한 잔을 비운다는 의미가 아니고 입만 대고 마는 수준이지만 그런 식으로 토라적 술교육으로 어릴 때부터 길러진 사람들은 커서도 술에 대해 자연스럽게 건전한 방식의 문화를 소유하는 것을 볼 수 있다.

반면에 유대교에서 가르치는 마셔서는 안되는 상황은, 정해진 틀 안에서 즐기는 것 이상으로 평소에 술을 자기가 원할 때 인사불성이 될 때까지 마셔서는 안된다는 것이다. 술을 마시는 때를 정해진 틀이라고 표현한 이유는, 유대교는 이미 술을 마셔야 하는 시간들이 자연스럽게 정해져 있기 때문에 굳이 자기가 술을 쫓아갈 필요가 없기 때문이다.

유대교의 죽음관과 내세관

죽음은 인간이 가진 여전히 비밀스러운 삶의 영역 중 하나이다. 과학이라는 이름으로도 죽음의 미스터리는 해결할 수 없으며, 죽는다는 것이 무엇인지조차 아직 살고 있는 우리가 보는 물리적 기준에서 겨우 정의 내릴 뿐이다. 죽음 후라는 것이 과연 있는 것인가? 죽음은 왜 존재하며 그것은 무엇을 의미하는지 토라에서는 어떻게 얘기할까?

많은 종교에서 비슷하게 얘기하는 천국과 지옥의 개념은 유대교에서는 일반적으로 세상이 안다고 생각하는 사후 세계의 개념과도 비슷한 것 같으면서 다른데, 먼저 사람이 죽어서 가게 되는 천국이라 표현하는 장소는 많은 사람들이 에덴 동산으로 알고 있는 바로 그 곳, 에덴 정원이다. 에덴은 이 지구상에 물리적 장소가 아닌 하쉠의 개인 정원과도 같은 영적 장소이기 때문이다. 사람의 영은 우리가 정확히 알 수 없는 하쉠의 심판의 경우로 인해 한 생을 끝마쳐도 그 영은 다른 인생으로 다시 시작하여 이 땅에서의 필요한 과업을 완성해야 할 때도 있다. 그러나 그가 하쉠으로부터 의로움을 인정받는다면, 그는 곧바로 에덴으로 올려져 마쉬악흐(메시아)의 시대가 다가올 때까지 쉼을 누린다.

이 말에 중요한 포인트가 담겨 있는데, 바로 토라적인 관점에서의 천국과 지옥이라는 것은 그것이 영원의 개념을 가지는 게 아니라는 것이다. 그래서 지옥이라고 알고 있는 게히놈의 개념 또한 그곳은 악인의 영이 그의 삶 동안의 악을 극악의 고통으로 씻어 정결함을 받아야 하는 형벌의 장소이긴 하나, 영원히 그곳에서 머무는 개념이 아니다. 이러한 내용 때문에 '유대교는 지옥을 얘기하지 않는다'라는 결론으로 추측하는 사람들도 있으나 그렇지는 않다. 참고로 스올이라고 음역한 슈올은 그것을 연옥이나 천국의 형태로 생각하는 이도 있으나 천국과 지옥의 개념과는 또 다른 의미이다.

그러한 가운데서 영원을 포함하는 장소, 진정한 천국의 개념은 올람 하바(עולם הבא)이다. 의미적으론 '다가올 세상'을 뜻하며, 세상이 한 분의

Chapter 4. 유대인의 삶

하쉠만 올바로 알게 되며 마쉬악흐의 통치가 영원히 있게 될, 인간 창조의 의미가 완성될 기쁨의 세상이다. 그런데 그곳이 특이한 점은, 단순히 우리가 죽어서 가는 곳의 개념이 아닌, 우리가 지금의 인생에서 하쉠 앞에 어떤 식으로든 어떤 것에서든 의로움을 얻었다면, 모든 죽은 자의 몸이 부활하여 함께 참여하게 되는 세상이다. 그 세상은 앞서 얘기한 에덴과 이 세상의 본질이 합쳐지는 개념이다.

죽음의 의미는 무엇일까? 죽음에는 이유가 있는가?

일단, 토라적으로 얘기하는 죽음은 그것이 '끝'이 아니라는 것이다. 우리의 눈에 누군가 비참하거나 억울하게 죽는다 하더라도 그것은 무조건적인 비극으로만 얘기되진 않는다.

모든 죽음에는 이유가 있다. 그리고 태어날 영을 만드는 것과 함께, 죽음을 결정하는 소관은 오로지, 그리고 전적으로 하쉠께만 달려 있다. 그리고 그것이 유대인들이 어떠한 형식의 죽음을 보더라도 '하쉠께선 진실한 재판관이시다'라는 의미의 바룩흐 다인 하에메트(ברוך דיין האמת)라는 말을 하는 이유이다.

또한 각 사람의 죽음의 방식은 그 사람이 행했던 대로 돌려받는 식이거나 게히놈의 심판을 받는 대신 그의 죄를 지상에서 씻는 의미가 담겨있는 등 죽음의 시간과 시스템은 모두 하쉠의 계획 안에서 그것이 일어나는 것들이다. 그렇기 때문에 죽음 앞에서 신을 저주하는 건 있어서는 안 되는 것이며, 자살이라는 것 또한 그것이 해답이 될 수 없는 큰 죄라는

Chapter 4. 유대인의 삶

것을 이와 같은 내용을 통해 이해할 수 있다.

그렇기에 누군가가 불쌍해 보인다고 그것이 안타까운 죽음만도 아니고, 편하게 보인다고 그것이 축복된 죽음만도 아니라는 것을 알아야 한다. 토라는 특히 인생의 몇몇 상황은 반드시 죽음으로만 속죄를 받아야 한다는 것을 가르쳐 주는데, 하쉠께서 필요한 시간에 그를 데려간다는 의미는, 그분께서 누군가를 직접 친다는 의미가 아닌 죽을 수밖에 없는 상황으로 길을 인도하신다는 의미임을 가르쳐준다.

죽음의 의미를 그렇게 진지하게 받아들이고 고차원적으로 생각하면 우리의 육신의 삶이라는 것은 어떻게 바라봐야 할까? 유대교는 '육신의 삶은 중요하지 않으니 영적인 삶만을 추구하며 살아라'라고 결코 얘기하지 않는다. 우리가 살아 숨쉬는 모든 상황은 그냥 주어진 것이 아니기 때문이다. 유대교는 단지 죽음 이후의 천국 등의 개념만을 바라보는 것이 아니며, 마쉬악흐(메시아) 시대에 다시 살아나 영원을 맛보게 될 것을 바라는 차원 이상의 차원을 바라본다. 그리고 그 길을 향한 우리의 삶은 그 좋음을 온전하게 받아들일 자격이 갖춰질 수 있게 연단을 하는 과정의 의미를 둔다.

Chapter 5.
유대교의 특별한 개념들

Chapter 5. 유대교의 특별한 개념들

유대교의 메시아관과 구원관

유대교에서 얘기하는 마쉬악흐(메시아)의 진짜 모습과 목적은 어떤 것일까?

메시아, 또는 구원자의 개념으로 알려진 마쉬악흐의 가장 기본적이면서 가장 안 알려진 특징은 그는 완전한 인간일 뿐이며, 구원자는 마쉬악흐가 아니라 하쉠 한 분뿐이라는 것이다. 마쉬악흐는 그 단어의 의미 그대로 실제적으로 머리에 기름부음을 받아 하쉠께서 약속하셨던 왕위에 올라야 하는 자이며, 그것은 유대인들만이 아닌 세상 모든 이들의 실

Chapter 5. 유대교의 특별한 개념들

질적 통치를 이끄는 왕이 되고, 우리와 다를 바 없이 자라며, 결혼도 해야 하는 존재다.

그는 하쉠께서 가장 특별하게 부여하신 능력으로 인해 심판의 권한과 심지어 이적까지 행할 수 있는 존재라 하더라도 인간의 몸을 입은 신이 아닌 우리와 같은 사람이다. 마쉬악흐는 우리가 그를 믿어야 하는 존재가 아니다. 우리의 믿음은 창조주이신 하쉠께로만 있어야 한다. 마쉬악흐는 이미 알려진 대로 다비드(다윗) 가문의 자손이어야 하며, 레비(레위)인도 아니고, 코헨(제사장)은 더욱 아니다. 왕 같은 제사장이라는 허울 좋은 직분은 없으며, 반대로 제사장의 역할을 하는 것은 왕의 가문에게도 주어진 일이 아니다.

또한 마쉬악흐가 단지 이스라엘만의 정치적 구원을 위해 올 존재가 아니라는 것은 매우 중요하다. 유대교에서 존재하지도 않는 바로 그 개념 때문에 유대인들은 근 2천년 간을 오해를 받으며 살아왔기 때문이다. 유대교는 마쉬악흐의 오심으로 함께 오게 될 세상의 구원은 어느 특정 대상을 한정하는 것이라고 얘기하지 않는다.

그렇다면 그러한 마쉬악흐는 언제 오시는가?

유대인들은 처음부터 지금까지 항상 마쉬악흐에 대한 소망들을 각 세대마다 품고 살아왔다. 그가 당장 내일이라도 나타날 것 같은 기대감으로 살아왔고, 유대교 자체가 그 기대를 삶의 좋은 원동력으로 간주하지만 그것을 예언처럼 확정 지어 얘기하는 이들은 늘 경계해왔다. 역사적

Chapter 5. 유대교의 특별한 개념들

마쉬악흐 시대의 이상을 반영한 예샤야후의 예언에 대한 그림

으로 반복되어온 당장의 기대감과 실망감의 반복이 많은 유대인들을 마쉬악흐에 대한 기대감으로부터 등을 돌리게 만들었기 때문이었다.

마쉬악흐가 오면 세상은 어떻게 될까?

많은 사람들은 마쉬악흐가 오는 모습, 오게 되면 벌어질 상황 등을 각자의 상상 속에서 궁금해하며 그때는 세상의 종말이 되는 것인지, 아니면 우리가 생각하지 못한 다른 상황이 있을 것인지 혼란스러운 개념을 안고 있다. 마쉬악흐의 오심은 세상의 끝이 아닌 오히려 세상이 그때서야 창조의 목적을 회복하는 제대로 된 세상, 즉 진정한 시작을 의미한다. 모든 것의 reset이 아닌 renew의 개념인 것이다. 인간에게 악한 영향을 발휘하게 하는 도구이기도 했던 자유 의지도 마쉬악흐의 시대에 이르러서는 사람들의 본능에서 없어지게 된다.

Chapter 5. 유대교의 특별한 개념들

예루샬라임은 마쉬악흐의 날에 어떻게 변할까?

구원은 어떤 것이 구원인가? 마지막 날에만 받는 것인가?

구원에 대한 개념을 종말에 때라 부르는 시기에 구별된 자들이 받는 것이라고 생각하는 사람들이 많다. 하지만 그것이 구원의 전부가 아니라고 분명히 얘기할 수 있는 것은, 하쉠의 구원은 기본적으로 우리가 숨쉬고 살아가는 그 삶 자체와 일상의 모든 부분에서도 너무나 자연스럽게 늘 함께 하기 때문이다. 아침에 일어나는 것은 그저 우연이나 당연한 것이 아니다. 창조주께서 우리의 숨을 허락하시지 않는다면 우리는 우리의 의지와 상관없이 생을 마감하는 것이다.

Chapter 5. 유대교의 특별한 개념들

유대인들에게 예수는 마쉬악흐일 수 없는 이유가 무엇인가?

예수가 토라의 완성을 위해 하늘로부터 왔다고 얘기하는 모든 기독교계의 입장과 달리, 유대교의 기준에서 예수는 반대로 분명하게 토라적인 행동도, 내용도 성취하지 않은 자라는 확고한 이유들이 있다.

먼저, 행동에 관련해서 페루쉼(바리새인)들에게 신랄하게 비판한 그의 반박들은, 그들과의 어떤 주제의 논의에 대한 내용을 넘어 '독사의 자식들'과 같은 비난을 일삼는 것이 기본적으로 토라에서 강하게 금지하는 말의 죄인데, 본인만(?) 그것으로부터 자유로워 보일 정도라는 것이 문제라는 것을 사람들이 쉽게 인지를 못한다.

예수는 기독교계에서 죄가 없는 인물로 보는 것에 이견이 없다. 하지만 그의 의도가 어떠했든 라숀 하라(악담)에 관련한 중요한 가르침은 자기와 의견이 다른 누군가를 다른 이들 앞에서 공개적인 모욕을 주지 말아야 하는 것과, 그러한 행동으로 인한 말의 죄는 하늘에서 살인과 동급으로 여긴다는 경고가 유대인들과 언제나 함께 해왔다는 점에서 그가 과연 죄가 없다고 분명하게 얘기할 수 있는 자인가를 생각해 봐야 한다.

십자가를 통한 죄사함이라는 중요한 교리 역시 마찬가지로, 하쉠 앞에 드려지는 올바른 제사는 반드시 사람이 아닌 코셔 동물 중에서도 일부 종류만 회개하고자 하는 이의 진실한 마음을 통해 드려져야 하는 것이 중요하다는 것이다. (슈모트 13:13/바이크라 22장) 게다가 그 죄는 고의적이지 않았던 죄에 대해서만 회개가 가능하다는 점도 십자가 사건이라는 의미에 대해 다시 생각해봐야만 하는 문제이다.

Chapter 5. 유대교의 특별한 개념들

그것을 읽는 이들이 여전히 그냥 자기가 이해하기 편하게 자기의 메시아가 토라의 모든 세부사항들을 전부 뒤엎고 무조건적으로 필요한 목적을 성취했다고 주장하고자 한다면 먼저 있던 토라 자체가 그들에게 분명하게 의미 없다는 걸 확실히 증명하는 것이며, 더불어 예수 자신이 얘기했다는 '토라를 성취하러 왔다'라는 말도 거짓이 확실하다는 것을 오히려 더욱 입증해준다.

그와 더불어 예수가 마쉬악흐가 될 수 없는 이유 중 다음과 같은 문제들 또한 여전히 전혀 해결되지 않은 문제라는 사실은 타낙흐(성경)를 단순히 신약을 위한 발판 정도의 도구로 삼을 수준인가를 분명히 다시 생각하도록 만들어준다:

성전의 재건 (예헤즈켈 37장~47장)
이스라엘의 흩어진 자들을 모으심 (예샤야후 11:12)
이스라엘의 귀환 (예헤즈켈 37장)
세상 모두가 하쉠을 아는 지식 (예샤야후 11:9-10)
죽은 자들의 부활 (다니엘 12:2)
세상의 진정한 평화 (예샤야후 2:4)

악, 그리고 싸탄

악은 무엇인가?

토라는 유대인들에게 분명히 좋은 것과 나쁜 것을 세상에 두었지만, 어리석게 악을 택하여 망하지 말고 좋은 것(토라적인 삶)을 택할 것을 강하게

Chapter 5. 유대교의 특별한 개념들

명령하고 가르친다.

'보라, 내가 오늘 너의 앞에 삶과 좋음, 그리고 죽음과 악을 주었다.' (드바림 30:15)

하쉠께서는 좋은 것뿐만이 아닌 악도 두셔서 인간에게 자유의지 아래에서 올바른 길을 행사하게 하는 연단의 과정을 두셨다. 악은 지어진 것이며, 우리의 선택의 문제이다.

그렇다면 무엇이 악인지를 명확히 규정할 수 있는 길이 있을까? 토라는 하쉠께서 주신 삶의 명령이 그것을 판가름하는 토대가 된다는 것을 분명하게 밝히고 있다. 또한 악의 존재라는 것이 하쉠의 좋으심을 '완전하지 않다'라고 할 수 없게 하는 것은, 인간이 본질적으로 악을 선택하거나 거부할 자유가 없다면 의라는 것이 존재할 수 없기 때문이다.
예샤야후(이사야) 45:7은 하쉠께서 명백하게 자신의 이름으로 선언하신 내용을 담는데, 그것은 전능자께서 창조 계획 중 세상에 악을 창조하셨음을 명확하게 기록하는 내용이다.

'(나는) 빛을 만들고 암흑도 창조하며 평화를 행하고 악을 창조한다. 나는 이 모든 것을 행하는 하쉠이다.' (예샤야후 45:7)

창조주께서 주신 자유의지라는 것은 인간을 다른 창조물들과 구별 짓게 하는 가장 특별한 요소가 된다. 자유의지는 천사에게도 주어지지 않

Chapter 5. 유대교의 특별한 개념들

은 것으로, 더 높은 영적 가치를 얻고자 노력하는 사람에게 그 투쟁을 위한 영적 균형은 악이라는 존재가 있어야지만 가능하다. '모든 영혼은 선을 행하는 것뿐 아니라 악에도 맞서야 한다'라고 규정하는 것은 토라의 가르침의 기본 요소이기 때문이다.

싸탄은 무엇인가?

악이 하쉠께서 창조한 것이 아니라고 주장하거나 생각하는 이들은 앞에서 제기한 드바림(신명기)과 예샤야후(이사야)의 올바른 의미를 토대로 알게 되면 그들 자신에게 커다란 신학적 문제가 제기될 수밖에 없다. 보통 싸탄(사탄)의 존재를 그 자신의 영적 반항과 노골적 불순종을 통해 타락하여 하쉠의 주된 대적자, 비방자가 되고 세상의 악이 된 높은 천사 정도로 생각하거나 얘기한다. 기독교의 오랜 신학적 모순에 따르면 하쉠께선 악을 창조하지 않거나 못하는데, 신은 의와 완전함만의 창조자여야 하기 때문이라는 것이다. 싸탄이 정말로 노골적인 반항을 통해 신께서 의도하신 대로의 기능을 제한시키거나 멈췄다는 자라면 하쉠께선, 말도 안되는 얘기지만, 불완전 하거나 결함이 있는 것을 창조하셨다는 얘기가 된다.

싸탄 또한 명백한 천사로, 그는 많은 유대 문헌에서 그 이름 대신 고발의 천사/죽음의 천사라는 이름으로 더 많이 불린다. 그는 하쉠의 대리자일 뿐이며 자유의지가 없는 존재이다. 그는 오히려 하쉠의 계획과 목적을 굉장히 철저하게 이행하는 전능자의 종인 것이다. 싸탄을 포함해 모든 천사의 존재는 하쉠의 뜻을 거스른 예를 보여준 곳이 유대 문헌 어디에서도 단 한 건도 찾을 수 없다. 그의 행동에 대한 대표적인 예는 이요브(욥)의 이야기에서 확인할 수 있어서, 이요브 1장에서 싸탄이 하쉠과 대화하는 내용에 대하여 많은 이들은 그의 말투를 그의 자유의지의 발현으로, 하쉠께 말대꾸를 한다고 오해하기도 한다. 그러나 그것은 그냥 그의 임무를 명확히 수행하고자 확인하는 과정들일 뿐이며, 싸탄은 오히려 하쉠께서 명령하신 모든 것들을, 그리고 그것들만 완전하게 이요브에게 실행했다. 그런데 거기서의 반전은, 이요브가 자신에게 주어진 어려운 상황에서 자기가 태어난 날은 저주해도 하쉠은 저주하지 않았으며, 자신의 곤경에 대해 항의하고 해명을 요구했어도 그것이 하쉠께서 불의하다고 비난하는데 이르지 않았다는 것이다. 결국 그의 이야기가 끝날 무렵엔 이요브 자신의 미덕이 싸탄의 고집스러운 방해와 속임수를 모두 압도하게 되었으며, 그를 통해 이요브의 이야기를 통해 알 수 있는 점 하나는 '죄는 이길 수 있고, 다스릴 수 있다'라는 것이다.

하쉠께선 인간을 악보다 선을 자유롭게 택할 수 있는 세상에 두셨기 때문에 인간이 초월적인 구원자가 필요할 정도로 완전히 타락했다는 신학계의 주장은 절대 토라적인 개념과 같다고 할 수 없다.

아보다 자라

토라를 보면 삶의 이슈를 다루는 주요 주제 중 우상 숭배에 대한 문제가 빠지지 않는다. 그리고 이 문제는 유대인에게뿐만이 아닌 비유대인들까지도 포함하는 모든 인류에게 처음부터 하지 말아야 하는 절대적

Chapter 5. 유대교의 특별한 개념들

인 명령으로 주어진다.

그러나 우상 숭배라는 것은 정확히 어떤 것이고 무엇을 얘기하는가? 히브리어로 해당 단어는 아보다 자라(עבודה זרה)로 부른다. 그리고 그것은 알지 못하는 이상한 것, 또는 낯선 것을 섬기는 행위를 통칭하는 의미를 지닌다. 그것의 의미를 올바로 풀어내는 것이 중요한 이유는, 한국에서 사용하는 우상 숭배라는 단어는 어떤 실제적인 형상에 대한 숭배가 기반이 되어야 한다는 인식 때문에 우리의 인생에서 창조주만을 섬기는 길이 오히려 정확히 어떤 의미와 방법인지 알 수 없게 한다는 데에 있다. 심지어 그것은 단순한 말 해석을 나누는 사람들에 의해 '그럼 어떠한 형상을 섬기지만 않으면 되는 것 아닌가'라는 의미로 왜곡되기도 한다.

그러나 히브리어로 숙고하는 아보다 자라의 의미는 그 적용의 범위부터 넓어지게 되어 토라의 가르침에서 벗어나는 이스라엘이 알지 못하는 것을 섬기는 행위는 그 금지의 경우가 훨씬 다양한 것을 볼 수 있다.

아보다 자라가 얘기하는 금지된 섬김의 범위는 어느 정도일까?
먼저, 그것은 꼭 어떠한 물리적 형태를 신적 대상으로만 삼는 것은 아님에 있다. 비물리적 형태에 자신의 마음을 쏟아 섬기는 행위도 아보다 자라인 것이다. 대표적으로 생활 속에 녹아 있어 그것이 문제인지도 모를 수많은 미신들의 경우, 토라는 그러한 행동이 직접 어떠한 신상에 절하는 것이 아니어도 아보다 자라의 행태라는 것을 가르친다. 우상 숭배의 범주라고 생각해 보지 않았을 문제들은 우리 삶에서 의외로 많아 우리가 올바른 창조의 목적으로 돌아오도록 기다리시는 하쉠을 제대로 보지 못하게 만든다.

토라는 이미 다음과 같은 기준에 답을 제시하고 있다:

- 우리 주변에서 찾을 수 있는 아보다 자라의 예는 얼마나 있는가?
- 어떤 것이 아보다 자라인지는 무엇을 기준으로 구분해야 하는가?

자유의지

자유의지(히: בחירה חופשית)에 대한 정의를 보면, '선택을 할 수 있는, 또는 있게 하는 자유롭고 독립적이며 자발적인 능력'이라고 설명한다. 그

Chapter 5. 유대교의 특별한 개념들

런데 토라적으로 올바르게 이해해야 하는 자유의지는 '모든 선택'이라는 것이 그 범주에 속한다는 것은 아니라는 이해가 필요하다.

특정 영역은 하쉠에 의해 미리 결정되는 것으로 얘기된다. 한 개인이 어머니의 자궁에서 자라가는 동안 하쉠께서는 그가 궁극적으로 갖게 될 기량, 건강, 외모, 그리고 성격을 정하시며 그가 얼마나 돈을 벌게 될지까지도 그때 결정하신다. 그리고 이 영역은 우리가 선택할 수 있는 모든 선택들과는 무관한 것이다.

그 반면에 주어진 것을 어떻게 사용하고 잠재력을 실현할지에 대한 여부는 전적으로 우리에게 달리는데, 하늘에 대한 두려움의 문제, 즉 '옳고 그름의 도덕적 문제'인 적절/부적절, 윤리/비윤리, 좋음/나쁨에 대한 선택은 우리가 만드는 것이다.

토라의 관점에서 볼 때, 우리에게 자유의지가 있다는 것은 매우 분명하다.

하쉠께선 드바림(신명기) 11:26에서
'보라, 내가 오늘 너희 앞에 축복과 저주를 주니',

그리고 드바림 30:15에서
'보라, 내가 오늘 생명과 좋음, 죽음과 악을 네 앞에 주었으니',

그리고 같은 장 19 - 20절에서는

Chapter 5. 유대교의 특별한 개념들

'내가 생명과 죽음, 축복과 저주를 네 앞에 줄 것이니...너는 생명을 택해야 한다.'라고 이스라엘에게 말씀하셨다.

람밤은 그에 대해 미슈네 토라의 힐코트 츄바 5장에 '모든 사람에게 선택의 자유가 주어졌으니 그가 좋은 길로 나가 의롭게 되기를 원한다면 그 능력이 그의 손에 있을 것이며, 그가 악한 길로 향해 악해지기를 원한다면 그 또한 그렇게 할 수 있는 능력이 그의 손에 있을 것이다. 하쉠께서 사람이 의롭거나 악하다고 선언하셨었다면 그가 어떻게 우리에게 '이렇게 하라', 그리고 '이렇게 하지마라'라고 명령할 수 있다는 말인가? 토라 전체는 어떤 입장이며 하쉠께서는 어떤 정의의 척도로 악인을 벌하시고 의인을 상 주실 수 있겠는가? 지혜로운 자나 어리석은 자, 친절하거나 잔인한 자 이 각각은 모셰(모세)와 같이 의롭거나 예로브암(여로보암) 같이 악인에 합당하니, 자신의 자유의지에 따라 그가 원하는 어느 쪽으로든 그러고자 하는 경향이 있을 수 있다'라고 썼다.

하쉠께서는 전지전능하시다. 그는 '모든 것'을 아시는 분이다. 그분께서는 모든 세부 사항들로 미래를 속속들이 알고 계신다. 그런데 그분께서 우리가 무엇을 할 건지 이미 아신다면 우리는 어떻게 우리에게 '선택권'이 있다고 말할 수 있을까? 우주에서 일어나는 모든 일이 미리 '프로그래밍' 되어있고 변형이 허용되지도 않으면서 단순히 펼쳐져 있기만 한다면 자유의지는 어디에 있다는 것일까? 그것은 그냥 '착각'이라는 것인가?

Chapter 5. 유대교의 특별한 개념들

유대 현인들은 여러 시대에 걸쳐 이 당혹스러운 역설을 다루었고, 그 중 람밤은 사람이 하쉠의 무한한 마음/지성/정신을 우리의 유한한 정신과 동일시할 수 없음을 가르쳤다.

우리는 시간에 묶여 과거, 현재, 미래의 관점에서만 세상을 경험할 수 있다. 그러나 하쉠께서는 시간을 초월하기 때문에 모든 사건에 대한 그분의 지식은 '동시에' 발생한다. 하쉠의 영역에는 본질적으로 미래라는 것이 없기 때문에 '하쉠께서 미래를 아신다'라고 기술하는 것은 사실 근본적으로 옳지 않은 표현이다. '하쉠께서는 미래를 아시는 분'이라는 표현은 우리가 인지하는 시간이라는 개념에 맞추어서 신을 생각할 수밖에 없는 표현의 한계에서 나온 것으로, 하쉠께서는 시간의 영역에 존재하지 않는 모든 사건을 한 순간에 이해하고 계신다. 그분에게는 전이나 후가 없기 때문이다. 그래서 중요하게 이해해야 하는 점은, 하쉠에 대한 모든 표현은 우리가 각자의 언어로 할 수 있는, 우리가 이해하는 표현의 최대치 그 이상으로 바라보고 이해해야 한다는 점이다. 예를 들어 대홍수에 대해 '하쉠께서 후회하고 슬퍼하셨다'라는 표현은 그 말이 우리가 알 수 있는 '슬프다'라는 느낌을 설명하는 단어로 분명하게 정해서 번역할 수 있는 내용이 되지 못한다. 해당 구절에서 쓰인 וינחם이라는 단어는 오히려 언뜻 보면 전혀 다른 내용 같아 보일 수도 있는 '위로'와 관련이 되기 때문이다.

자유의지에 대한 과학계의 논쟁과 관련해, 20세기의 가장 위대한 과학 혁명이라 불리는 양자역학은 세상을 확률론적이라고 설명하는데, 그것

Chapter 5. 유대교의 특별한 개념들

이 모든 물리적 시스템에 대해 미래에 특정 사건이 발생할 확률에 대해 가장 많이 알 수 있는 것이라고 얘기한다.

삶의 많은 다양한 사건 중 실제로 발생할 사건이라는 것은 정말로 예측이 가능한 것인가? 예측은 진실에 기반하는가?

토라의 가르침은 현재는 미래를 결정하지 않는다는 것이다. 사람의 미래는 이미 정해져 있는 것이 아니라 누구도 장담할 수 없다. 그런데 이 부분은 글 초반부에서 얘기한 '특정 영역에 대한 하쉠의 결정'과 모순되는 것처럼 보일 수도 있는데, 여기서의 얘기는 사람이 갖추고 살아야 할 '기본적인 토대'를 얘기하는 것이 아닌, 다시 말하면 나, 또는 우리가 중심이 아닌, 나와 우리 주변에서 일어날 사건들과 행동할 사건들이 정해져 있는 것이 아니라는 말로, 완전히 다른 내용을 얘기하고 있는 것이다.

창조주의 지혜는 그가 지으신 것들로 우리에게 이미 풍부하고 충분하게 나타나고 보여진다. 그런데 하쉠의 무한한 지혜에 대해 그보다 더 경이로운 점은, 사람이라는 존재가 하쉠의 솜씨에 대한 장엄함을 볼 수 있으면서도 감히 그분의 존재를 부인할 수도 있다는 점이라는 것이다.

'당신께서 하신 일들이 얼마나 크신지요 하쉠! 당신의 생각들이 매우 깊으니 무식한 사람이 알지 못하고 어리석은 자가 이것을 깨닫지 못할 것입니다.' (트힐림 92:6-7)

Chapter 5. 유대교의 특별한 개념들

진화론에 대한 유대교의 태도

창조론과 진화론은 종교의 역사에서 늘 대척점에 서 있는 것으로 그려진다. 창조의 방식에 대한 엄청난 다양성과 다르게 단순한 것에서 복잡한 것으로, 그리고 가장 낮은 것에서 가장 높은 것으로의 존재와 형태의 기원과 성장에 대한 것을 다루는 진화론이라는 개념은 유대교에서는 '반유대적'이라고 표현하지는 않지만 '본질적으로 비유대적'인 개념임을 가르친다.

사실 토라의 설명도 형태가 없는 혼돈에서 질서로, 무기물에서 유기물로, '생명'이 없는 물질에서 식물-동물-사람으로 점진적 상승을 한다는 일반적 진리를 겉으로 보면 진화론과 동일해 보이게 표현하지만, 각 단계와 존재는 결코 우연의 산물이 아닌 창조주의 뜻을 행하고/창조주의 목적을 깨닫고/창조주의 인정을 받아야 하는 것임을 강조한다. 우주의 질서 있는 발전 뒤에는 반드시 '원인'이 있어야 함을 강조하면서 말이다. 그렇기에 진화론의 관점으로 존재를 해석하는데 찬성하는 모든 증거를 허용한다 하더라도 거기에는 여전히 설명이 필요한 '사실'이 더 남아있는데, 바로 인간과 동식물에게 삶을 살게 하는 생명, 마음, 양심, 성격 등이 어디서 기원하는 지에 대해서이다. 그냥 우연히 무언가 만들어지고 진화하면 그런 것들이 생겨나는 것인가? 인공지능을 만들어 거기에 프로그램을 주입하고 습득시키면 우리는 그것을 마음, 양심, 성격으로 인간이 가진 것과 '동등하다'고 규정할 수 있는 것인가? 그래서 이들 각각에 대해 유대교는 우리가 영원한 존재의 창조적 전능성에 대해 숙고해야 함을 가르친다.

자연에 부여된 각각의 디자인과 목적이라는 것을 몰아내는 진화론은, 일반적인 생명과학의 범위에서도 거의 모든 세부적인 것들이 각각의 목적과 용도가 있는 것으로 밝혀졌다는 사실을 인지해야 한다.

회개의 길

사람들은 기본적으로 사회 도덕, 그리고 종교법을 통해 비추는 자기의 죄에 대해서 진정으로 회개하고 그것을 그만두고 싶은 마음을 가져도 똑같은 잘못을 계속 반복하는 행동의 연속이 있다. 그리고 그것을 해결

Chapter 5. 유대교의 특별한 개념들

한다는 명목으로 많은 이들이 '또 다른 행동'으로 그 패턴을 바꾸려는 노력들도 시도한다.

유대교는 그 부분에서 다른 방향을 제시하는데, '우리는 왜 매번 똑같은 잘못을 반복하는가?'에 대해서 그 본질적인 이유부터 먼저 스스로 이해해야 함을 강조하며 그 이유를 우리가 '죄를 짓는 것의 중대함'과 '계명을 행하는 것의 가치'를 제대로 이해하지 못하는 데서 오는 것으로 얘기한다. 그것이 사람이 스스로 반복하는 죄에 대해서 심각하게 여기지 않는 이유임을 이해해야 한다는 것이다.

어떤 사람이 잘못된 일을 하고 싶은 유혹을 느끼면 사람의 시스템은 그 즉시 내부에서 갈등이 일어나고 있음을 느끼게 해준다. 욕망이 사람을 한 쪽으로 끌어당길 때 자아는 그를 다른 방향으로 끌어당긴다. 그런데 자신의 길로 이끄는 것은 그의 욕망뿐만이 아니고 사람의 내면에서 일어나는 악한 성향도 있다. 그것을 예쩨르 하라(יצר הרע)라고 하는데, 그것은 사람이 하는 것을 무엇이든 정당화시키기 위해 그 사람의 지성을 사용하여 표면적으로 그 자신을 정당하다고 보이게끔 만들어 주는 것이다.

사람은 예쩨르 하라의 궤변을 물리칠 수 있도록 자신의 지성을 돕기 위해 무엇을 해야 할까?

기본적으로 사람이 유혹에 노출될 때에는 보통 그의 예쩨르 하라를 극

복할 수 있는 전략을 찾는 것이 이미 매우 어려운 상태이고, 그 시점에서 그가 자신의 예쩨르 하라와 싸우는 데 도움이 될 유일한 것은 자기 자신이 가진 하늘에 대한 두려움과 그의 의지의 힘뿐이다. 그에 따라 사람이 취할 수 있는 최고의 전략은 유혹의 지배를 받기 전에 유혹이 올 때를 대처할 수 있도록 준비하는 것이 있다.

'초정통파 유대인'으로 불리는 하레딤들의 경우, 집에 TV도, 스마트폰도 없는 생활을 고수한다. 당연히 일반적인 이스라엘 사람들과 비교할 때 그것은 옳다/그르다를 따질 문제는 아니며, 비종교인들은 그들의 종교적 입장을 싫어할 수는 있어도 그들의 의지는 존중하는데, 그런 것들이 사람에게 어떤 방식으로 닥쳐올지 모르는 영향들에 대해 예방의 의미를 지니기 때문이다. 물론, 이런 것을 최선의 방법이라는 의미로 얘기하는 것은 아니지만 그러한 실천을 통해 유혹을 예방하는 거룩함에 대한 궁극적인 의미는 충분히 고찰할 만한 것이 된다.

사람은 어떻게 자기 자신을 예비하며 지켜내야 할까?

그 최선의 보호는 모든 죄의 의미와 결과, 특히 사람이 주로 저지르는 죄에 대해 숙고하는 것이 있다. 자기의 죄가 얼마나 심각한지 알면 알수록 사람은 예쩨르 하라로부터 자기 자신을 구해내기가 더 수월 해진다.

일반적으로, 사람들은 예를 들어 '금지된 관계'를 가지는 죄를 짓는 데

Chapter 5. 유대교의 특별한 개념들

에 가까이 다가가지 않는다. 모두가 그에 대한 범법의 중대함을 이미 알고 그에 대해 두려워하기 때문이다. 그러나 평소에 행실과 생각을 '가볍게' 하는 자들의 경우 근친상간 같은 중대한 죄조차 그렇게 심각해 보지 않을 정도로 그의 인식이 손상되어 있는데, 예쩨르 하라는 바로 그러한 때를 놓치지 않고 적극적으로 개입해서 자기의 일을 시작하는 방식을 사용한다. 그러나 다행스럽게도 반대의 경우도 있는데, 사람이 죄를 짓는 것의 심각성에 대한 인식을 스스로 발전시키고 강화하려고 노력할수록 그 영향은 분명 죄로부터 더 잘 보호를 해주게 된다. 유대 문헌의 많은 부분은 하늘을 두려워할 줄 아는 것이 하쉠을 섬긴다는 기초임을 강조한다. 거기서 나올 수 있는 질문은 '그렇다면 사람이 어떻게 하늘에 대한 두려움을 얻거나 이미 가지고 있는 것에 더할 수 있을까?' 등이 있다.

하늘에 대한 두려움은 그저 하쉠과 그분의 일에 대해 경탄을 하라는 것이 아닌, 그분의 존재와 그분의 높으심, 그분의 인간을 뛰어넘는 공정함에 대한 두려움을 가지라는 의미이다. 그리고 그러한 두려움은 노력 없이는 저절로 다가오는 것이 아니다. 토라는 하늘에 대한 두려움을 얻기 위해서는 실천적인 예시를 많이 볼 수 있는 환경에서의 공부가 필요하다는 중요성을 강조한다.

그러면 토라적인 예시를 볼 수 없는 사회적 환경에 사는 모든 이들은 하늘에 대한 두려움을 어떻게 강화시켜야 한다는 것일까?
유대 현인들은 그렇게 하고자 의지를 가지는 이들의 마음에 하쉠을 섬

Chapter 5. 유대교의 특별한 개념들

긴다는 것이 실제적이고 엄중한 의무라는 확신을 심어줄 수 있는 종류의 학습을 하는 것이 중요하다고 가르친다. 그러한 힘을 가진 내용들은:

계명을 명하는 자의 위대함을 배우는 것,

계명의 위대한 가치에 대해 배우는 것,

그리고 계명을 지켜야 하는 우리의 의무가 실제로 얼마나 거대한 것인지와 함께 모든 계명, 심지어 가장 작아 보이기까지 하는 계명조차도 사람이 받을 보상이 얼마나 큰 것인지를 배우는 것이 있다.

'배움은 사람을 행동하게 하고 행동은 두려움을 불러 일으킨다'라는 격언이 있다. 사람이 배운 것을 실천하고 계명대로 행하면 그 행위 자체가 자기 자신을 하늘에 대해 두렵게 만든다는 뜻이다. 진정으로 '배운 자'는 그의 모든 행동을 행할 때 그의 집중을 강화하여 그가 배운 토라를 실천하는 자이다.

누구든지 하쉠의 뜻을 진정으로 행하기를 원하는 사람은 그가 어떤 '종교인'이 되려고 계명을 지키는 것이 아닌, 하늘을 향한 두려움으로 모든 좌절을 오히려 발판 삼아 탄력을 받을 방법을 찾아야 한다.

영향력 있는 회개를 위해서는 무엇을 해야 할까? 사람이 반복해서 짓는 죄에 대해 큰 결심을 하고 회개를 했더라도 다시금 그러한 죄로 돌아가는 것으로 인해 스스로 절망할 때 돌이켜 봐야 하는 태도가 있는데, 그 죄를 다시 짓는다는 자체를 문제 삼아야 할 것이 아니라 자기가 애초부터 그 유혹으로부터 자기를 보호하기 위한 어떠한 장치도 마련해 놓지 않았다는 것을 돌아보아야 한다. 회개에 행동이 따르지 않는다면, 사람의 경험이라는 요소는 우리가 습관적으로 저지른 죄를 계속해서 저지를 가능성이 있음을 우리에게 확실하게 선보인다.

흔히들 '생각'이라는 것은 그냥 속에서 떠오르고 지나가는 어떤 것처럼 여긴다. 그러나 생각의 존재라는 것은 그렇게 쉽게 무시해서는 안될 것으로 유대교는 가르치며, 그렇기에 '하늘에 대한 두려움에 관한 생각'은 회개에 대한 중요한 예방 전략 중 하나라고 얘기할 수 있는 요소가 된다. 죄에 대한 예방으로 그 죄의 심각성과 그로 인해 직면할 결과가 어떤 것인지에 대해 생각한다는 건 반복되는 진지한 고찰로 들어갈수록 사람의 정신에 중요한 영향을 끼치게 된다. 그런 식으로 사람이 자신에게 허용되었다고 생각했던 것이 실제로는 잘못되었다는 것임을 깨닫게 해주는 내용들을 공부한다면 하쉡게 '돌아간다/응답한다'라는 의미를 가지는 회개로 그에 대한 행동을 점진적으로 행하는 자신을 발견하게 될 수 있을 것이다.

세상은 발전하는가? 퇴보하는가?

19세기를 거치면서 급격히 변한 세상에 대해서 사람들은 문명의 발전이라는 표현을 쓴다. 그렇다면 토라로 비춰보는 현 시대의 변화라는 건 어떤 시각일까?

Chapter 5. 유대교의 특별한 개념들

19세기는 스스로를 과학의 시대라 일컫기를 좋아했다. 19세기는 인간이 짐승으로부터 왔다는 발견을 널리 전하기 시작한 때이기도 하고, 강한 무교주의가 고대로부터 조직화되어온 도덕에 대해 뿌리부터 흔들기 시작한 때이다. 그렇게 세상에 가해지는 강한 공격은 인간의 영역에서 신을 제거하기 시작했으며, 모든 도덕적 억제를 비웃고 '본능과 성향대로 행동하라!'라고 행복의 조건을 제시한다.

20세기라고 다르지는 않아서 하나된 지구촌이라는 이름 하에 19세기 교육을 이어 나가는데, 점차 부각되기 시작하던 심리학이라는 미명 하에 본능의 억압이 성격에 위험하다 가르치면서 각자가 자신의 눈에 옳게 보이는 일을 하여 신이 없는 듯 행동하게 하는 윤리가 급부상한다. 결국 그 모든 개념들은 지금에 이르러서 인간 생명이라는 것의 신성함에 대한 의문과 순결의 거룩함에 대한 조롱, 그리고 올바른 소유의 기준에 대한 혼란스러운 관념 등이 판을 치는 결과를 낳게 되어 사람들에게 윤리적 구별의 현실을 부정하게 하거나 의심하는 지경에 이르게 하였다.

그러나 그러한 세상의 영적, 도덕적 혼란 속에서도 유대교는 여전히 맑은 눈을 유지하며 흔들리지 않는데, 토라의 신성한 기원에 대한 끊임없는 집착과 옳고 그름 사이에 대한 영원한 차이, 그리고 인간의 삶에서 절대적으로 해야 할 것과 하지 말아야 할 것이 있음을 계속해서 가르치고 배워오면서 그런 것들이 한때의 열정이나 모험심, 그리고 바람처럼

Chapter 5. 유대교의 특별한 개념들

지나갈 유행보다 더 높은 가치임을 강조한다.

성경에서 볼 수 있다는 신과 대화를 하던 인물들이 지금 세상에 존재하지 않는다는 이유로 그 모든 것이 거짓말이라고 주장하는 이들은 그때의 사람들과 지금 사람들 사이에 영적 수준 차이라는 것이 있다는 것을 전혀 모르고 있는데, 우리의 일반적인 상상 그 이상으로 거룩하신 하쉠과 대화를 하고자 한다면 기본적으로 그만큼의 자신의 준비가 없이는 불가능하다는 것을 생각하지 않는다. 우리들은 우리 자신의 준비뿐만 아니라 환경적으로도 모든 면에서 거룩성이 떨어진 시대에 살고 있다. 그러나 이것은 또다른 측면에서는 마냥 절망적인 의미만은 아니어서, 모든 것이 다시 창조의 목적대로 회복될 것이라는 마쉬악흐(메시아) 시대에 대한 기대를 더 간절하게 하고 더 특별하게 만들어 주는 동기가 된다.

Chapter 6.
유대인의 문화들

Chapter 6. 유대인의 문화들

샤바트

샤바트(שבת)는 유대 전통의 핵심이며 위대한 미스터리다. 유대 종교인들은 일곱 번째 날(토요일)에 하쉠께서 세상을 지으신 이후 쉬셨던 것을 인지하며 토라에 하쉠께서 왜 그 날에 쉬셨는지에 대한 명확한 설명이 되어 있지 않음에도 불구하고 자기 인생의 일곱 번째 날을 온전히 하쉠에게 바친다.

유대교의 근원은 샤바트를 토라 안에서 다른 어떤 것보다 상위인 중요한 것으로 둔다. 다른 유대 축일 같은 경우는 유대 민족의 역사 속에서 일어난 일을 기념할 뿐이나 샤바트는 시간과 공간의 범주에서 간주되기 어려운 인류의 역사 밖의 개념을 담고 있다. 유대 명절을 신성시하는 것은 유대 민족으로부터지만, 샤바트의 거룩함은 하쉠으로부터 직접 오기 때문이다.

샤바트가 세상을 만들고 쉬셨던 하쉠의 모범 때문에 세상의 모든 사람들이 본질적으로 샤바트를 지켜야 된다고 말하고 강요하는 사람들이 있다. 그러나 그것은 시나이 산에서 토라를 받을 때의 기록을 자세히 보면 어렵게 포장되지 않고 명료하게 이스라엘에게 그 명령이 주어진 것을 알 수 있다. (슈모트 31:13 - 17) 비유대인이 창조의 7일 째를 기억하며 하쉠께서 세상을 창조하심에 감사를 드리는 기념은 할 수 있다. 그러나 샤바트라는 특정한 순간에 명령된 것을 이스라엘과 똑같이 행하려는 것은 그들에게 직접 명령하신 하쉠의 말씀을 대놓고 무시하여 자기를 위한 편의를 갖추는 것이 된다.

유대인들은 샤바트에 정말 아무것도 못하고 아무것도 안 하는가? 흔히 들 샤바트에는 일을 하면 안된다는 내용 때문에 많은 이들이 오해하나, 샤바트는 어떠한 직업적인 일(עבודה)만을 멈추는 것 등이 아닌, 특정한 작업(מלאכה)을 하지 말아야 되는 것으로, 그 작업들이라는 것의 기준은 이집트에서 유대인 모두가 노예 생활을 할 때 고통으로 여겨진 39가지의 일들에서 비롯된다.

비유대인들은 성경에 써 있다는 샤바트의 안되는 것에 초점을 맞추지만 유대인들은 그 날에 되는 것의 의미를 고찰한다. 사람이 열심히 일한 한 주의 삶에서 벗어나 쉬는 것을 하는 날이 샤바트인 것이며, 그 쉬는 기쁨을 가족과 회당, 친구 등의 공동체와 함께 잘 먹고, 잘 놀고, 잘 쉬는 가장 원초적인 기쁨으로 발현하는 것이다.

코셔

영어로 코셔(Kosher)로 표기되는 이 규율은 히브리어 발음으로는 카셰르(כשר)로 부른다. 카셰르는 현대 사회에서 건강한 음식 문화의 한 종류로서 그것이 이해되기도 하나 사실 그것의 본질은 유대인을 유대인답게 만들어주는 온전히 거룩을 위한 명령이며, 건강과 위생 등은 모두 카셰르의 본질에 부수적인 것뿐이다. 그래서 이스라엘뿐만이 아닌 세계 여러 나라에서 성경에 써 있는 기준에 문제가 있는 것 같아 보이

Chapter 6. 유대인의 문화들

지 않아도 어떤 음식을 먹지 않는 유대인이 있다면 바로 그러한 이유 때문이다. 하쉠과 한 유대인의 개별적인 관계의 가까움은 카셰르의 준수를 통해 증명되고 보인다.

'코셔' 사인이 선명히 보이는 이스라엘의 코셔 맥도날드

카셰르는 단순히 '무얼 먹지 마라'와 같은 재료의 내용을 기준으로만 하는 것은 아니라서, 그것을 요리해야 하는 사람, 음식을 만드는 장소와 만드는 이의 샤바트 준수 여부, 재료 자체의 카셰르 여부, 식기 도구의 카셰르 여부, 조리 방식의 카셰르 여부 등 음식을 만드는 데에 대한 모든 여부가 고려되는 규율이기에 단순히 따라해 볼만한 것으로 여기

Chapter 6. 유대인의 문화들

기엔 무리가 있다.

카셰르에 대한 것엔 '금기 식품'이 많기로 유명하다.
대표적인 것으로 되새김질을 하면서 동시에 발굽이 갈라져 있는 동물만 먹는 것이 허용되고, 그로 인해 갈라진 발굽은 있으나 되새김질을 하지 않는 돼지고기가 금지되는 것이 유명하다. (바이크라 11:7)

또한 육류와 유제품을 함께 섭취하는 것이 금지되어 있어, 대표적으로 치즈 버거, 고기가 올라간 피자, 버터를 함께 녹여 구워내는 스테이크

등은 먹지 않는다. 흔히들 해당 내용에 대한 근거 구절로 알고 있는 유명한 내용으로 새끼 염소를 그 어미의 젖에 삶으면 안된다는 슈모트(출애굽기/탈출기) 34:26의 내용이 바탕이 되는데, 그 구절에서 '새끼 염소'로 번역된 게디(גדי)는 실제 새끼 염소나 새끼 산양을 지칭하기도 하지만 '전반적인 동물의 새끼들'을 지칭하는 다의어이기도 하다. 그로 인해 포괄적인 의미에서 어떠한 동물의 새끼라도 은연 중 그 어미 젖에 삶아질지도 모르는 전체적인 상황을 염두에 두어 해당 할락하(토라적 삶

Chapter 6. 유대인의 문화들

의 규범)가 발전하였다.

해산물에 대한 카셰르 규율은 특히 더욱 까다롭다고 생각할 수 있는 것이, 비늘과 지느러미가 함께 있는 것을 제외하고는 어떤 것도 먹어서는 안된다는 규율 때문이다. 그 때문에 이스라엘의 수산물 시장은 세계에서 가장 단출한(?) 장소가 되는데, 실제로 시장에서 볼 수 있는 종류로는 고등어, 참치, 연어, 베스, 잉어, 도미 등뿐이며, 광어, 갈치, 새우, 오징어, 조개 등은 전혀 찾아볼 수 없다.

또한 소나 양 등은 베레쉬트(창세기) 32:33에 나오는 야아코브(야곱)의 이야기에서 유래하는 엉덩이 부분의 힘줄 이야기와 관련하여 고기 자체도 동물의 앞 부분만 카셰르로 먹을 수 있다. 한 동물의 모든 부위를 먹는 것이 아닌 것이다. 이 모든 금기 사항은 단순한 위생 등의 문제를 넘어 정확하게는 이해하기 힘든 '거룩함'을 위한 부분을 내포하며, 그것에 대한 순종을 요구한다.

모든 유대인들은 코셔를 지킬까?

카셰르 규율을 100% 지킨다고 하는 이들은 종교 유대인들이다. 유대인 모두가 카셰르 규율을 온전히 지키는 것은 아니며, 유대인이어도 신을 믿지 않는 이들은 카셰르 자체를 의도적으로 거부하기도 한다. 그러나 이스라엘의 모든 가공식품과 체인을 갖는 규모의 슈퍼들은 제품을 전량 코셔로 판매하기에 최소한 이스라엘에 사는 이상 카셰르 음식을 접해보지 않는 것이 더 어려우며, 본인이 그러한 규율대로 조리하지 않고 먹는 것은 별개의 문제이다.

야채나 채소, 과일은 벌레를 먹은 것에 대한 문제가 없는 이상 카셰르 규율에 특별히 지장을 받지 않는 자유로운 식품군이다. 그래서 유대교의 규율을 따르는 이들은 해외에서 유대인 공동체를 찾을 수 없을 경우 채식을 하는 모습을 볼 수 있다.

코셔에 관련된 에티켓은?
다음은 종교적인 유대인을 만나거나 이스라엘을 여행할 시 알아 두면 좋을 카셰르에 관련된 에티켓이다:

☐ 종교 유대인들은 비유대인이 자국의 음식을 선물하는 것에 대해 당혹스러워한다. 그 음식이 어떠한 것인지 전혀 알 수 없기 때문이다. 코셔 마크가 있는 음식 선물을 준비하는 것이 아니라면, 기껏 비싼 음식 선물을 준비했는데 버릴 수 밖에 없는 불상사가 생기지 않도록 유대인을 만날 때는 음식 선물을 하기 전 확인하는 것이 좋다.

☐ 육류와 유제품 식당 여부를 확인하는 것은 이스라엘에선 일상적이다. 자기가 무엇을 먹었는지에 대한 인지와 더불어 식당 자체도 그렇게 나눠져 있는 경우 서로 다른 종류의 음식을 그 반대편의 자리에서 먹을 수 없다. 더불어 카셰르 규율로 운영되는 호텔이나 식당에서 한국 음식이나 소스 등을 가져와 사용하는 것 역시 현지 문화에 대한 배려가 없는 점이라는 것을 이해하자.

Chapter 6. 유대인의 문화들

☐ 가정집에 초대받아 식사하는 경우 설거지를 자청하지 않는 것이 좋다. 한국의 관점에서는 미덕으로 여겨질 수도 있는 부분이라고 하나, 종교 유대인들의 집에서는 다른 얘기이다. 일단 육류와 유제품 용으로 나눠진 식기도 물론이고 그것을 설거지 하는 도구와 싱크 또한 다르기 때문에 설거지를 잘못 했다가는 어떤 제품은 버려야 할 수도 있기 때문이다.

☐ 종교 유대인은 와인과 관련해서도 역사적인 이유로 인한 특별한 내용을 가지고 있다. 2, 300년 경 전부터 그리스와 로마가 차례로 이스라엘을 점령 통치하던 시기, 유대인들이 비유대인과 식사를 할 경우 비유대인들이 그들의 신의 이름으로 기도하며 와인을 따는 경우가 있었는데, 그럴 경우 그것은 카셰르의 의미로 먹을 수 있는 와인이 되지 못하였다. 그 와인 자체가 우상에게 바친 제물이 되는 셈이기 때문이었는데, 그렇기에 종교 유대인과의 식사가 약속된 자리에서 이러한 역사를 알고 있다며 와인 여는 것을 유대인에게 양보해보자. 특히 비지니스 자리라면 그러한 상황에 감동받지 않는 이들이 없을 것이다.

한국에도 코셔 식품이 있는가?
카셰르 규율을 통한 음식들은 까다로운 검사과정의 인건비 등으로 인해 같은 다른 음식보다 비싸다고 느낄 수도 있을 것이다. (상대적이다)

한국에서 이스라엘 식품은 생소하다고 생각할 수 있으나, 많은 과일 주스 등은 성분 표를 보면 이스라엘산 과일을 사용하는 것이 의외로 많음

Chapter 6. 유대인의 문화들

을 볼 수 있다. 그러나 그 경우 그 음료가 카셰르 인증을 받아 나오는 것은 아니다.

대표적인 코셔 사인의 예

한국에 들어가는 코셔 식품 중 인증을 받은 것으로 유명한 식품의 마크로 OU 코셔 마크(ⓤ)가 있다. 주로 성분 분석표에서 이 마크를 보게 되면 그것은 어디선가 카셰르 인증을 받아 오는 제품이라는 얘기이다. 한국에서는 코스트코에서 가장 흔하게 볼 수 있는 마크이며, 이태원 일대의 슈퍼마켓이나 최근에는 다른 체인형 슈퍼마켓, 수입과자 판매점 등에서도 흔하진 않지만 찾아볼 수 있다.

카셰르 인증을 받은 김치, 간장, 고추장, 된장 등을 판매하는 곳도 있는데, 서울 한남동에서 이스라엘 출신의 라브(랍비)가 운영하는 유대 커뮤니티 공간인 하바드(Beit Chabad)를 방문하면 각종 카셰르 식품들을 다양하게 만나볼 수 있다.

역으로 이스라엘에도 카셰르 인증을 받은 한국 식품이 많지는 않지만 일부 있기도 한데, 2022년 이후를 기준으로 고추장, 간장, 김 등이 있다. 재미있는 것은, 이스라엘에서 판매하는 Taster's Choice커피는 한국에서 카셰르 인증을 받아 이스라엘로 수출을 하는 특별한 상황도 있다. 이스라엘에서 느껴볼 수 있는 의외의 한국의 맛(?)이다.

메주자

어떤 집을 보게 되었을 때 그곳이 유대인의 집인지 아닌지는 메주자(מזוזה)를 통하여 구분이 가능하다. 보통은 현관과 집안의 메주자를 다른 양식으로 붙이는 경우가 많으며, 그냥 막대 같아 보이기도 하나 그 안에는 반드시 경건한 유대인이 양피지에 실수없이 쓴 쉐마(드바림 6:4-9)에 대한 구절과 드바림(신명기) 11:13-21의 내용이 두루마리로 말아져

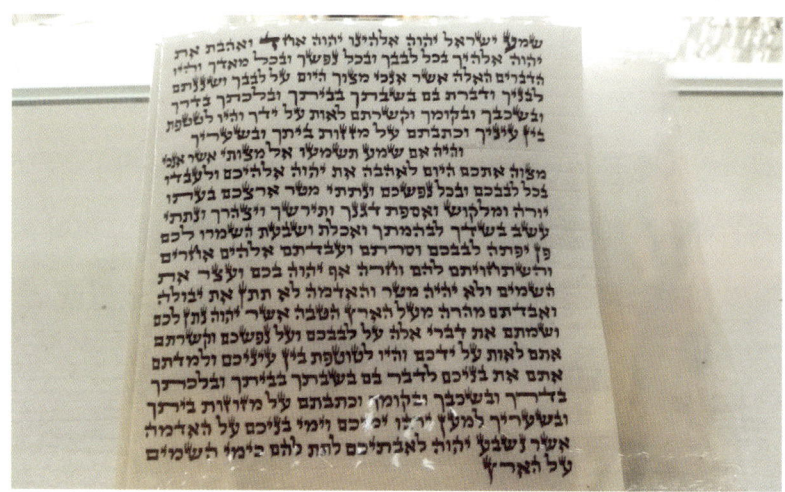

메주자 안에 들어가는 작은 두루마리와 그에 쓰인 글씨들

들어가 있어야 진짜 메주자로서의 기능을 하며, 집 문설주에 붙인 막대가 메주자라는 것은 그 표식에 새겨진 쉰(ש)이나 샤다이(שדי)라는 히브

Chapter 6. 유대인의 문화들

리어 글자를 통해서 구분이 가능하다. 쉰은 전능자를 뜻하는 샤다이의 첫 글자이고, 샤다이(발음시엔 샤카이로 부른다)는 '이스라엘의 문들을 지키시는 자'의 줄임말이기도 하다.

메주자는 문설주의 형태를 갖고 있는 집안 모든 곳에 붙여야 하지만, 메주자의 거룩함으로 인해 화장실 문설주나 화장실로 통하는 문에는 붙이지 않으며, 사람이 사용하는 문이나 출입구에만 붙여야 하고 가축의 헛간 등이나 물건을 위해 사용되는 창고 등에는 메주자를 붙이지 않는다.

메주자는 오른쪽 문설주의 상단 3분의 1지점에 위치시켜야 하는데, 아슈케나지 계열 유대인이나 스파라디 계열의 유대인들의 문화적 차이에 따라 집의 방향으로 기울여 붙이거나 수직으로 붙이기도 한다.

요일과 시간

유대인들의 요일과 시간은 창조의 기억을 반영하는 구조이다. 세상에서 보편적으로 쓰이는 일요일, 월요일...등의 표현도 사용하지만 이스라엘의 일상에서 그보다 흔히 쓰이는 표현은 창조의 시간에 쓰였던 둘째 날, 셋째 날...등의 표현이며, '저녁이 되고 아침이 되었다'라는 매 창조 순간의 내용처럼 하루의 시작은 해질녘부터이다. 그를 통해 언제나 반복되는 샤바트 또한 분명하게 인지할 수 있으며, 이교도의 문화에서 비롯된 세상의 요일과 시간 개념으로부터 벗어나 거룩함을 유지할 수 있게 된다. 참고로 유대인들은 샤바트를 '주일'이라고 표현하지 않는다.

욤 리숀(יום ראשון) – 첫째 날 (일요일)

욤 쉐니(יום שני) – 둘째 날 (월요일)

욤 슐리쉬(יום שלישי) – 셋째 날 (화요일)

욤 레비이(יום רביעי) – 넷째 날 (수요일)

욤 하미쉬(יום חמישי) – 다섯째 날 (목요일)

욤 쉬쉬(יום שישי) – 여섯째 날 (금요일)

샤바트(שבת) – 안식일 (토요일)

Chapter 7.
생소한 유대 절기들

Chapter 7. 생소한 유대 절기들

유드 자인 베타무즈

타무즈 월 17일(י"ז בתמוז)은 성전의 파괴를 기억하기 위해 제정된 네 개의 금식일 중 하나이다. 타무즈 월 17일은 유대인들에게 티샤 베아브만큼이나 많은 재앙이 닥친 날이었으며, 탈무드 타아니트에는 그날에 발생한 다섯 가지 주요 재앙을 상세하게 소개하고 있다:

- 모세가 금송아지를 보고 돌판을 던졌던 날 (슈모트 32:19)
- 수 백 년 동안 성전에서 행해지던 매일 제사가 바빌론 군의 오랜 포위로 인해 어떤 동물도 공급할 수 없음으로 중단된 날. 그것은 성전에 대한 종말의 시작을 알리는 신호였다.
- 두 번째 성전을 파괴하기 위한 로마 군대에 의해 예루샬라임 성벽이 뚫린 날. 이때부터 시작된 예루샬라임 성 내의 공격은 티샤 베아브에 성전의 파괴로 절정에 이른다.
- 안티오쿠스의 대표자 중 한 명이었던 아포스토무스가 유대인들을 짓밟는 게 물리적인 의미일 뿐 영적인 의미까지 이어지지 않는다는 것을 보고 토라 두루마리를 공개적으로 불태운 날. 이 행위는 하슈모나임(하스모니안)의 저항에 기폭제가 되었다.
- 예후다 왕 므나셰 때 성전 뜰에 우상이 세워진 날 (멜라힘 베트 21:4-5)

타무즈 월 17일의 금식은 동틀 때부터 해질녘까지며, 그동안에는 먹고 마시는 것을 금하고 금식일에 관련된 특별한 기도를 올린다.

Chapter 7. 생소한 유대 절기들

티샤 베아브

티샤 베아브(ט' באב)는 예루샬라임(예루살렘)의 성전이 무너진 것에 대한 애도일이다. 공교롭게도 첫 번째 성전과 두 번째 성전 모두 같은 날에 파괴된 것으로 전해지며, 유대력의 1년 주기 중 가장 슬픈 날이자 가장 비극적인 날이다. 그러나 반대로, 슬픔이 극심한 만큼 티샤 베아브는 마쉬악흐(메시아) 시대에 대한 희망을 더욱 열망하게 하는 날이기도 하다.

티샤 베아브는 25시간 동안 유대교의 역사에서 있었던 가장 비극적인 사건들을 기억하며 금식하고 몸을 괴롭게 하여 회개하는 날이다. 탈무드 타아니트 부분에서 확인할 수 있는 그 사건들은 다음과 같다:
- 크나안 땅으로 보내진 정탐꾼들의 악한 보고와 이스라엘에 대한 하쉠의 진노로 인한 멸망의 위기가 있던 날 (드바림 14:1)
- 첫 번째 성전이 바벨론에 의해 무너진 날
- 두 번째 성전이 로마에 의해 무너진 날
- 바르 콕흐바 항쟁의 시기에 베이타르라는 도시가 로마에 포위되어 수 천명의 주민이 학살당한 날
- 하드리아누스 황제에 의해 예루살렘이 완전히 함락당하고 폐허가 된 날

티샤 베아브는 기본적으로 성전이 무너졌던 것에 대한 애도일의 의미가 크기에, 금식이 시작되는 시간부터는 일반적인 토라 공부조차 금지되며 티샤 베아브에 관련된 공부를 한다. 토라 공부가 금지될 정도인 이

Chapter 7. 생소한 유대 절기들

유는 그것이 마음을 기쁘게 하는 공부이기 때문이다.

티샤 베아브에는 일반적인 의자에도 앉지 않으며 바닥에 앉고, 몸을 편안하게 눕지 않으며, 예루샬라임의 파괴에 대한 이르메야후(예레미야) 예언자의 시적 예언인 엑하(예레미야 애가)를 읽으면서 애도한다.

마쉬악흐의 날에 티샤 베아브는 슬픔의 날이 아닌 기쁨의 날로 바뀔 것이 약속되어 있다.

투 베아브

발렌타인 데이보다 더 오랜 역사를 지닌 성경 속의 사랑의 날인 투 베아브(ט"ו באב)는 앞선 내용인 티샤 베아브에서의 사건, 크나안(가나안) 땅으로 보내졌던 정탐꾼들의 죄로 인한 이스라엘의 형벌의 속죄가 이루어진 날이기도 하다.

그리고 쇼프팀(사사기/판관기) 21:19에서 하쉠의 명절로 등장한 이름이 투 베아브이며, 쩰로프하드(슬로브핫)의 딸들이 결혼한 날이기도 하고(바미드바르 36장), 이스라엘 왕국의 왕 예로브암(여로보암)이 예루샬라임(예루살렘)에 있는 성전으로 순례 행렬을 가지 못하게 막은 길을 이스라엘의 마지막 왕 호셰아 벤 엘라가 다시 열어서 사람들이 예루샬라임으로 순례를 갈 수 있게 한 날이 투 베아브였으며(멜라힘 알레프 12장, 멜라힘 베트 17:1 - 2), 바르 콕흐바(바르 코크바) 항쟁의 진압 후 로마가 유대인에게 행한 티샤 베아브의 학살 때 방치되었던 시신들을 가져가 장사할 수 있도록 허락한 날이 투 베아브였다.

Chapter 7. 생소한 유대 절기들

투 베아브는 지금의 이스라엘에선 특별히 제정한 명절의 의미를 지니고 있지 않다. 그러나 이 날은 기쁨이 찾아오고 사랑이 생기는 시간으로 인식되어 유대 전통을 지키는 이들에게 결혼식의 날로 선호되는 날이다. 그 특별함은 투 베아브에 결혼하는 유대인 신랑신부로부터 느껴볼 수 있는데, 두 예비부부는 결혼식 전까지 하루동안 금식을 하는 문화를 가지나, 투 베아브에 결혼하는 부부는 금식의 의무가 없다는 것으로도 알 수 있다.

로쉬 하샤나

특별한 새해 이벤트를 기대하고 1월 1일 전에 일정을 맞춰 이스라엘로 오는 이가 있다면 다소 놀라울 수 있다. 바로 아무 일도 일어나지 않는다는 것 때문이다.
이스라엘 새해의 의미와 기준은 독특하다 못해 거룩하다. 먼저, 토라에

Chapter 7. 생소한 유대 절기들

는 새해라는 표현은 없지만 항상 한 해의 첫째 달로 얘기하는 때가 있는데, 유대력에서 아비브(אביב), 니싼(ניסן)월로 부르는 달이다. 이 때는 지금의 3-4월경이다. 그리고 또 하나의 날이 진정한 의미로 기념하는 새해로, 한글 성경에서 나팔절 등으로 번역된 로쉬 하샤나(ראש השנה)이다.

이름의 의미부터가 '한 해의 첫머리'로, 이 날이 특별한 이유는 바로 첫 사람 아담이 창조된 그의 생일인 이유와 동시에, 그의 후손인 세상의 모든 인류에게 한 해 동안 행했던 행위들에 대한 심판이 있는 날이며, 아브라함이 모리야 산에서 아들 이쯔학크(이삭/이사악)를 결박했던 날이기 때문이다. 인간이 만들어진 날에 인간에 대한 판단이 있게 되는 날, 로쉬 하샤나의 의미는 그래서 일반적인 새해 그 이상의 의미를 보여준다.

로쉬 하샤나는 하쉠께서 유대인들에게 기념하라고 명령하신 다섯 개의 명절 중 하나인데, 로쉬 하샤나 독특함은 한 해 동안의 심판의 의미가 있는 날인만큼 온 공동체가 시끌벅적하게 파티를 하는 것이 아닌 비교적 차분한 분위기로 명절을 보낸다. 이 날엔 아브라함의 이쯔학크 결박과 관련된 베레쉬트(창세기) 22장을 회당에서 읽으며, 그를 통해 아브라함이 보이지 않는 것에 대한 믿음을 행했던 것과 같이 유대인들 모두가 하쉠의 계명을 지키기 위해 생명을 바칠 준비가 되어 있음을 상기하고, 이쯔학크 대신 바쳐진 산양을 상징하는 뿔인 쇼파르(양각나팔)의 소리를 들으며 지난 한 해에 대한 회개의 시간을 가진다. 구부러진 양뿔을 나팔로 쓰는 이유는 그 모습처럼 심판의 날에 우리의 몸을 구부려 참회해야 한다는 것을 상기시키는 의미이다.

로쉬 하샤나는 식사도 특별한데, 빵과 사과를 꿀에 찍어 먹는 의미가 그 대표적인 예다. 시작될 한 해가 꿀과 같이 달콤하기를 바라는 의미에서 그 기간에 열리는 과일 중 달콤함의 상징을 가진 사과를 꿀에 찍어 먹는다.

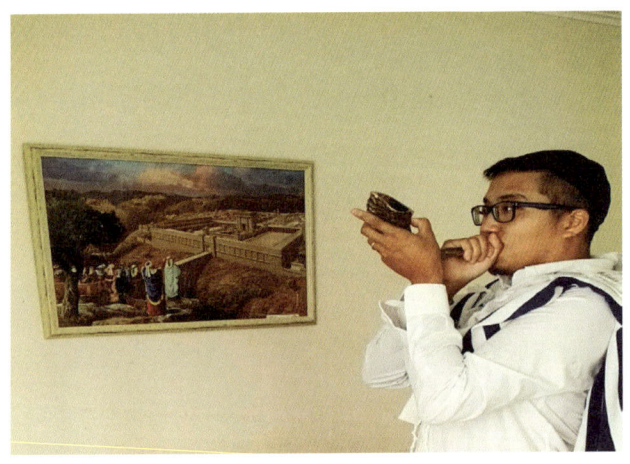

뿔나팔을 부는 필자

욤 키푸르

한글 성경에서 '대속죄일'로 번역된 욤 키푸르(יום כיפור)는 많은 이들이 금식으로 몸을 괴롭게 하라는 구절 때문에 슬픈 날로 인식하는 경우가 많으나, 하쉠으로부터 명령된 엄연한 다섯 명절 중 하나이며 한 해의 죄가 사해지고 또 다른 한 해를 살아갈 정결함을 부여받는 기쁨의 날이자 한 해 중 가장 거룩한 날이다.

욤 키푸르에 금지되는 대표적인 것은 먹는 것과 마시는 것, 씻는 것, 가죽 신발을 신는 것, 부부관계 금지 등이 있는데, 기본적으로 기쁨을 부

Chapter 7. 생소한 유대 절기들

욤 키푸르에 지성소에서 향을 올리는 대제사장의 이미지

여받는 날이고 기쁨을 추구하는 날이 아니기 때문에 이 특별한 날의 거룩함은 그것이 샤바트(안식일)와 겹쳤을 때도 금식을 해야 하는 것에 있다.

욤 키푸르는 이스라엘에선 유대교를 따르지 않는 비종교인 유대인이라 할지라도 문화적인 차원에서 모두가 정숙한 마음을 갖고 임하는 날이다.

욤 키푸르에 대한 오해 중 하나는 모든 것에 대한 용서가 아무런 조건

없이 이루어지는 것이라고 생각하는 것이 있다. 그러나 욤 키푸르의 용서에는 조건이 있는데, 잘못한 대상에게 먼저 용서를 빌고 용서를 받아야 하쉠께 용서를 받을 수 있다는 것이며, '회개를 하면 용서받겠지'라는 확신으로 의도적으로 행하는 죄는 욤 키푸르라고 하더라도 하쉠께 용서받지 못한다는 것이다. 이렇게 욤 키푸르를 준비하는 마음은 극도로 정결하기 위해 노력해야 함을 가르친다.

그리고 욤 키푸르에 강조되는 금지의 명령들 때문에 긴급한 일이 생길 경우 어떻게 해야 하는 지를 궁금해하는 이들이 있다면, 유대교의 중요한 가치로 생명을 지키고 살리는 일이 우선이라는 점을 말하고 싶다. 경찰, 병원, 소방서, 군대 등은 모두 욤 키푸르에도 필요한 일을 하며, 몸이 아픈 자나 산모, 고령자, 그리고 13살을 넘기지 않은 아이들 등은 금식의 대상에서도 제외된다.

욤 키푸르의 점심 기도 시간에는 특별히 요나서를 읽는데, 그 의미는 하쉠의 손이 미치지 않는 곳은 그 어디에도 없다라는 것을 듣는 자들에게 일깨우기 위함이며, 누구든 자기의 인생길을 정확히 인지하고 잘못이 있으면 돌이켜 회개를 하는 자에게 하쉠의 자비가 항상 열려 있다는 것을 상기시켜준다.

투 비슈바트

쉐베트 월 15일인 투 비슈바트(ט"ו בשבט)는 '나무들의 새해'로 불린다.

Chapter 7. 생소한 유대 절기들

이스라엘 땅에 있는 대부분의 나무가 싹트기 시작하는 시기이기 때문이다. 이날은 단순히 나무를 위한 생일 잔치가 아닌 다양한 십일조와 관련된 의미를 가지기도 하며, 특히 이스라엘 땅의 농산물과 밀접한 관련을 지닌다.

유대인들 모두가 전세계에 흩어져 살고 국가 간 의사소통이란 것도 거의 불가능했던 시절에도 많은 유대인들이 투 비슈바트에 이스라엘이라는 거룩한 땅에서 난 과일 한 조각을 얻고자 초인적인 노력을 기울이기도 했다. 현대에 이르러서도 전세계의 유대인들은 투 비슈바트에 이스라엘 땅의 과일을 이스라엘 땅과 동일시하는 것을 관례로 한다.

투 비슈바트는 성서 시대로부터 지켜온 명절은 아니지만 수 세기 동안 의미가 더해지면서 이스라엘 땅의 특성과 재건 및 귀환 등을 기념하는

Chapter 7. 생소한 유대 절기들

의미의 날이 되었다. 수 세기 전 갈릴리 북쪽 쯔파트의 카발라 그룹의 수장이었던 거룩한 아리는 투 비슈바트가 '과일을 먹는 날'이 되어야 함을 선언하기도 했는데 시간이 지남에 따라 이에 대한 준수는 자체적인 의식 순서를 구성하기도 했으며, 어떤 이들은 이날에 15 종류의 각기 다른 과일을 먹음으로 투 비슈바트를 기념하기도 했다.

오늘날의 이스라엘은 이날 먹을 수 있는 이스라엘의 훌륭한 소산으로, 토라가 이스라엘 땅에게 유명해질 것을 언급했던 7가지 종류(석류, 포도, 무화과, 보리, 밀, 올리브, 대추야자) 중의 일부를 먹음으로 투 비슈바트를 기념하는데, 해당 계절에 아직 먹지 않았던 과일을 처음으로 먹으면서 '우리를 살게 하심'이란 의미의 쉐헤헤야누 축복문을 읊는다. 유대인들은 투 비슈바트에 그러한 의식과 함께 이스라엘 땅에 정착하는 것에 대한 중요성을 가르치며 자연과 교감하는 법도 함께 배우는 시간을 갖는다. 이스라엘의 학교들은 땅의 안식년인 슈미타 해를 제외하고는 매년 투 비슈바트 때 나무를 심을 수 있는 지역으로 현장학습을 간다.

Chapter 8.
노아하이드,
그리고
유대교 개종자

Chapter 8. 노아하이드, 그리고 유대교 개종자

이방인? 비유대인?

유대인이 아닌 이들을 표현할 때 일반적으로 한국에서는 '이방인'으로 표현한다. 그러나 사실 이방인이라는 표현은 유대인이 한국을 가도 이방인인 셈이고, 각자의 상황 속에 정해지는 의미라 유대인과 반대되는 개념의 고유명사처럼 표현하는 데에는 무리가 있다.

성경 속에서 이방인, 나그네 등으로 번역된 표현은 게르(גֵר)라는 단어로, 거의 대다수의 상황에서 그 단어는 '유대교로 개종하여 유대인이 된 자'를 의미한다. 실제로 낯선 이, 이방인 등으로 번역할 수 있는 단어는 녹흐리(נכרי)로, 그나마도 그것이 유대인과의 구분을 둘 때에는 그냥 비(非)유대인이라고 표기해도 충분하다.

유대인이 되는 것에 인종적 문제가 전혀 고려되지 않는 것처럼, 세상을 향한 구원이라는 것 역시 유대교는 유대인만이 아닌 모든 인간을 대상으로 하는 하쉠의 자비임을 분명하게 가르치며, 이 점은 기독교 역사에서 유대교를 향한 오랜 시간 동안의 왜곡에도 불구하고 진실을 찾으려는 이들에게 언제나 날카로운 대조를 보여주었다.

유대 전통은 비유대인과의 혼인을 강하게 금지한다. 드바림(신명기) 7:3-4의 내용처럼, 유대인과 비유대인과의 사이에서 태어난 아이들이 유대 전통을 지키며 자라나는 예는 드물기 때문이다. 토라는 그러한 혼인이 하쉠의 이름을 모욕함과 동급으로 여겨지는 죄임을 말하여, 그러한 이들의 후손이 이스라엘에게서 끊어질 것이라고 경고한다.

Chapter 8. 노아하이드, 그리고 유대교 개종자

노아하이드

유대교와 유대인들에 대해 비교적 진지하게 관심있어 하는 이들이 하는 큰 오해 중 하나는 성경을 지키는 방법을 유대적인 것을 따라하면 된다고 생각하는 이들이 많다고 생각하는 것이다.

또한 타낙흐 전체에 걸쳐진 내용이 자기를 위해서 주어진 것이라고 오해하는 경우가 많으나 그것은 명백하게 유대인들과 이스라엘에 직접적으로 명령되고 적용되는 문제이기 때문에 유대인들이 계명을 지키는 것을 따라하거나 혹은 마음으로 '내가 그들보다 우위에 있다'라고 해도 사실은 아무 영향도, 의미도 없다. 그렇다고 다른 한편으로 성경을 보면서 무언가를 느끼는 바가 있어 '유대교인이 되어야겠다'라고 하는 이들

Chapter 8. 노아하이드, 그리고 유대교 개종자

에게도 유대인들의 반응은 신중하다. 유대교는 단순히 그 종교를 믿고 싶다고 들어가는 개념이 아니라 유대인이 됨으로 이전의 삶과 완전히 다른 삶을 살아야 하는 정신적, 육체적 순종이 크게 요구되기 때문이다.

유대인과 비유대인의 성경을 이해하는 방식에는 큰 차이가 있는데, 먼저 성경은 구원을 위한 책이 아니라는 것이다. 이 무슨 황당한 소리인가? 하지만 본질을 들여다보자. 우리는 사실 일상에서 너무도 흔하게 구원을 접한다. 예를들어, 저녁에 잠이 들어 아침에 일어나 숨을 쉴 수 있다는 것은 우리에게 당연한 것이 아니며, 그렇기에 유대인들은 아침부터 우리에게 삶을 부여해주신 그의 친절함을 찬양하는 것으로 기상을 한다. 우리는 일어나는 순간부터 잠드는 순간까지 알게 모르게 우리의 삶의 순간에 관여를 해주시는 분으로 인해 늘 구원을 받는다.

유대인들은 토라를 구원받기 위해, 또는 그 방법을 알기 위해 공부하지 않는다. 많은 이들이 궁금해하는 심판을 면하는 구원이라는 것은 개개인에게 주어질 하쉠의 소관이기 때문이다. 그렇다면 토라가 무엇이기에, 성경이 무엇이기에 유대인들이 그 내용을 끊임없이 파고들까?

그것은 기본적으로 토라라는 것이 하쉠께서 유대인에게 '인간에게 부여한 삶의 목적은 이것이고 이렇게 살아야 한다'라고 가르쳐 줌과 동시에 그 명령에 대한 이행을 요구하는 상호간의 계약서이기 때문이다. 유대교는 분명 민족의 종교이기도 하나 그 길을 원하는 자들에게도 민

Chapter 8. 노아하이드, 그리고 유대교 개종자

족적 기준을 넘어서는 특별함을 허락하는 독특함이 있다. 그렇다면 '성경의 내용을 일상에서 더 잘 지키고 싶다'라고 얘기하는 비유대인들은 어떻게 해야 할까? 무조건 유대교로 개종을 해야만 할까?

앞서 얘기한 내용은 비유대인들에게는 토라가 필요 없다는 말로 들릴 수도 있을 것이다. 그러나 모든 인류에게도 기본적으로 지켜야 될 삶의 계명이 있고, 그것은 당연하게도 토라로부터 나온다.

노아하이드, 히브리어로는 브네이 노악흐(בני נוח 노아의 아들들)라고 하는 표현은 노악흐(노아) 시대에 있던 대홍수 이후 새로운 시작을 하게 된 인류를 위해 주어진 계명들을 지켜야 한다는 가르침을 위한 표현이다. 그것은 일생 동안, 그리고 사회 공동체를 이루며 사는 동안 지켜야 할 공통적인 내용들을 다룬다. 그 계명들을 쉐바 미쯔보트 브네이 노악흐(שבע מצוות בני נוח)라고 하며, '노아하이드의 7계명'으로 이해할 수 있다.

성경에는 노아하이드가 나오는가? 당연히 해당 단어에 대한 직접적인 명시는 없으나, 이스라엘 백성이 크나안(가나안) 땅으로 들어서고 나서 예호슈아(여호수아) 이후로 나오는 기록들인, 이스라엘 땅에서 유대인들과 함께 살고자 하는 '남아있는 크나안인들'에게 그들이 법으로 지켜야 하는 것으로 얘기되는 구절들이 바로 노아하이드의 내용들이다. 그래서 유대교가 종교가 아니듯, 노아하이드라는 것 역시 어떠한 종교 모임의 의미를 지니지 않는다. 그것은 개개인의 개념에 의거하는 것이다.

Chapter 8. 노아하이드, 그리고 유대교 개종자

노아하이드의 7계명은 아담이 에덴에서 공부한 6계명에다가 노악흐가 방주에서 나온 이후 추가된 계명 하나가 더해진 것으로, 토라에서 찾을 수 있는 그 내용들은 다음과 같다:

우상 숭배 금지

'너는 다른 신들을 내 얼굴 앞에 있게 하지 말아야 한다…너는 위로 하늘에 있는 것이나 아래로 땅에 있는 것이나 물 속에 있는 것이나 어떤 모양의 조각상도 만들지 말아야 한다…너는 그것들에 절하지 말아야 하고 그것들을 섬기지 말아야 한다. (슈모트 20:3 -5)

이 계명은 노아하이드 계명의 핵심 중 하나이다. 유대인들이 이 계명을 어떻게 지키는지가 좋은 예시가 될 수 있는데, 그 중 하나는 하쉠이 아닌 다른 신이 있을 가능성을 생각하거나 재미나 농담조로 하쉠을 생각하는 내용, 하쉠께서 누군가 조력자들의 도움으로 세상을 다스린다고 믿는 것 등의 금지이다. 그리고 우상을 만드는 행위 자체는 그 우상을 만드는 이가 숭배할 목적으로 만든 것이 아니더라도 금지되며, 자신의 손으로 만들지 않고 다른 이에게 부탁하여 만들더라도 계명을 어기는 것은 동일하다.

하쉠에 대한 모독 금지

'너는 엘로킴을 저주하지 말아야 한다…' (슈모트 22:27)

살인 금지

'너는 살인하지 말아야 한다…' (슈모트 20:13)

유대교는 해당 내용에 대해 건강한 사람이나 죽기 직전, 또는 죽을 만큼 아픈 사람을 죽이는 것도 똑같이 금지됨을 가르친다. 살인은 하쉠의 창조의 계획을 인간 스스로 방해하는 행동임을 모두가 인지해야 한다.

간음 금지

'너는 간음하지 말아야 한다...' (슈모트 20:13)

해당 계명에 대한 사전 예방 조치로 유대교는 남자가 아내와 딸을 제외한 여자와 외딴 곳에 둘만 있는 것을 금지시켰다.

도적질 금지

'너희는 도둑질하지 말아야 한다', '너는 네 동료를 압제하지 말고...' (바이크라 19:11, 13)

이 계명은 누군가 다른 이를 괴롭히면서 나중에 물건을 돌려줄 의도로 그렇게 하더라도 훔치는 것을 금지한다. 슈모트(출애굽기/탈출기) 20:13에도 '너는 도둑질하지 말아야 한다'라는 내용이 있지만 그 내용은 유대법에 의해서 사형의 형벌까지 내려질 수 있는 납치에 관한 내용을 다루는 것이다. 바이크라(레위기)에 있는 같은 내용의 구절이 돈과 그 외 가치 있는 것들에 대한 내용을 다루는 것이다.

살아있는 동물의 섭취 금지

'너는 생명을 고기와 함께 먹지 말아야 한다...' (드바림 12:23)

살아있는 동물의 어떤 부위도 먹으면 안된다는 것으로, 도살한 후가 아닌 살아있는 채로 먹지 말라는 명령이다. 참고로 생선은 땅 위의 동물과 새와는 다르기에 생선회는 그러한 계명에 포함되지 않는다.

Chapter 8. 노아하이드, 그리고 유대교 개종자

공정한 재판정 세우기

'모든 분실물…그것이 자기 것이라고 말하면…' (슈모트 22:8)

모든 사람들에게 정당한 판결을 선포하고 이행하기 위해 판사를 임명하고 법정을 설립해야 하는 의무를 다루는 계명으로, 올바른 법과 그에 대한 집행이 없이는 세상이 존재할 수 없음을 일깨운다.

자기 자신의 인생을 온전히 받아들이고 이 7계명을 주의 깊게 지키는 사람은 유대인이 아니어도 하쉠 앞에 의로운 자로 설 수 있다고 분명하게 가르치며, 올람 하바(다가올 세상)에서도 한 몫을 부여받을 수 있음을 얘기한다.

노아하이드의 개념은 유대인들이 '자기들만 구원받는다'라고 가르치거나 생각한다는 내용을 가진 선민사상이라는 개념이 그렇게 알고 있는 것과는 분명하게 다른 잘못된 내용임을 밝혀준다.

계명을 지켜야 하는 것에 대한 주의사항은, 그 계명들이 자신에게 논리적으로 보이기에 그것을 지키려 하는 것이라면 그가 현명한 자라는 얘기를 들을 수는 있어도 의인이라고 칭함 받기는 어렵다는 것이다. 계명의 준수는 창조주를 사랑한다는 자기 자신의 표현으로부터 나와야 하기 때문이다.

Chapter 8. 노아하이드, 그리고 유대교 개종자

유대교 개종자

유대교로 개종한다고 표현하면, 많은 이들은 그것을 일반적으로 그의 종교를 바꾼 것으로 생각한다. 과연 그것뿐일까? 엄밀히 말하면 개종이라는 단어는 유대교를 표현하는 의미에 적합하지 않다.

히브리어로 유대교 개종이라고 표현할 수 있는 단어는 기유르(גיור)이다. 그러나 그 의미는 전환이라는 뜻으로, 단지 종교만을 바꾸는 개종이라는 말보다 훨씬 진지하고 무거운 의미이다. 유대교로 개종한다는 것이 유대'인'으로 자신의 삶을 전환하는 의미가 되기 때문이다. 그렇기에 올바른 법적 절차의 개종 공부를 거친다면 이스라엘에서 살 수 있는, 살아야 하는 책임의 부여와 동시에 동등한 시민으로서 자격을 얻게 된다. 유대교는 왜 비유대인들을 개종시키고자 노력하는 모습을 보이지 않을까? 그것은 역사적으로 어렵사리 개종시킨 사람들의 경우라 하더라도 자기가 포기한 옛 관습에 미련을 버리지 못해 돌아가는 것뿐만 아니라 슬그머니 그 옛 관습을 유대 민족으로 불러와 심어 넣기도 하던 시간이 많았기 때문이기도 하다. 유대교는 그런 점에서 해를 거듭할수록, 그리고 세기를 거듭할수록 신중에 신중을 더 할 수밖에 없었다.

유대교는 어떤 누군가가 스스로 '나는 유대교의 계명들을 다 믿고 지킬 수 있으니 나도 유대교 신자이다'라고 말하기에는 너무도 진지한 행동과 책임을 동시에 요구한다. 그래서 할락하(토라적 삶의 규범)적인 절차를 거치지 않고 유대인이라고 자칭하고, 유대교의 계명들을 행하려고 노력한다면 그것은 오히려 하쉠을 기쁘게 하는 것이 아닌 욕되게 하는 중죄가 된다.

Chapter 8. 노아하이드, 그리고 유대교 개종자

다음은 필자가 유대교 개종에 관하여 가장 많은 질문들을 받았던 내용 중 몇 가지를 정리해 본 것들이다:

한국에서 유대교 개종이 가능한가?

불가능하다. 개종은 단순히 유대교에 관한 것들을 가르쳐 줄 수 있는 라브(랍비)가 필요한 것뿐만 아니라 최종 과정까지 통과하기 위한 여러 절차가 모두 준비되어 있어야만 한다. 한국은 그러한 준비가 모든 부분에서 안 되어있다.

개종 최종 심사 당시 필자의 심사관 라브들

외국에서 개종을 성공하면 이스라엘로의 이민이 가능한가?

이스라엘에서 법적으로 요구하는 적법한 교육절차로 과정을 거칠 수 있다면 가능하다. 단 보수파(Conservative)나 개혁파(Reform)의 개종 과정은 이스라엘에서 이민 절차 신청 시 인정받지 못한다. 카라이트(Karaite)나 메시아닉(Messianic) 개종도 마찬가지다.

이스라엘을 제외하고 어디에서 개종이 가능한가?

가장 많은 교육 시설과 그로 인한 가능성은 미국이 그러하며, 캐나다와 영국에서도 가능한 교육기관이나 회당이 있다. 그리고 아시아권에서는 싱가포르나 홍콩, 상하이, 베이징의 유대인 공동체를 통해서도 가능하

Chapter 8. 노아하이드, 그리고 유대교 개종자

다고 하나 아시아권에서의 개종 공부 가능성은 그 정보와 가능성 자체가 확실하지도 않고 장담할 수도 없는 수준이다.

한국 유대인들은 얼마나 있는가?

한국 유대인들은 공식적인 태생 유대인이나 커뮤니티가 없다. (스스로 밝히지 않는 것인지는 모르겠다) 한국계 유대인들은 세계 각지에 흩어져 있으며, 주로 각 나라에서 개종하여 머무는 이들이다. 이스라엘에 있는 한국 유대인은 필자를 포함해 현재(2022년 기준) 다섯 명 정도이다.

개종을 하면 반드시 이스라엘에서 살아야 하는가?

개종 통과 날 당일 코텔 앞에서의 필자

그래야 한다. 개종을 통과하고 나서 계명들을 지키며 살아야 하는 과정이라는 것이 생활에서의 행동뿐만이 아닌 음식, 사람들, 명절까지 어느 것 하나 함께 중요하지 않은 요소가 없기 때문이다. 다른 나라에서 토라를 지키는 것이 불가능하다는 것은 아니지만 분명히 어렵고 비현실적인 요소가 많은 것이 사실이다. 또한 개종자들은 계명을 올바로 행하기 위해 아브라함의 본보기를 배워야 하는 것이 요구되는데, 그 중 하나가 이스라엘 땅을 떠나지 말아야 하는 것이다. 그것은 믿음의 문제와 직결된다.

Chapter 8. 노아하이드, 그리고 유대교 개종자

개종 과정은 무엇을 배우는가? 성경이나 탈무드를 배우는가?

성경이나 탈무드는 개종 과정에서 본 필자도 특별히 배우지 않았다. 오히려 그것들은 과정을 다 끝내고 삶 가운데서 점차 배워가게 되었다. 개종 학교에서는 1년 주기로 순환하는 유대력에 맞춰 할락하(토라적 삶의 규범)를 중심으로 유대인의 삶의 방식들을 배운다. 그러나 모든 과정을 통과했더라도 진짜 공부는 모두 그 다음부터 필요하다. 하쉠을 사랑하고 계명을 지킨다는 것은 그냥 가만히 있으면 알아서 되는 것이 아니다. 올바른 공부는 힘든 계명도 사랑으로 행하도록 만들어 준다.

개종을 통과한 남자 중 할례를 안 받은 이는 꼭 받아야 하는가?

할례는 한 남자가 유대인으로 되는 과정에 이어서 가장 중요한 언약이다. 개종 전에 자기의 모국에서 의료적 목적 등으로 할례를 이미 한 경우라면 이스라엘에선 그에 대한 비교적 간단한 확인 작업만 거친다. 만약 할례를 받지 않았다면 할례를 위해 전문적으로 훈련받은 라브에게 의료적인 절차로 수술을 받는다.

한국계 유대인이라 해도 생김새가 다른 데서 오는 차별은 없는가?

유대인은 유대인이다. 그가 태생이든 개종자이든 모두가 상관없는 아브라함의 자손이라는 하나의 기치를 둔다. 이스라엘 민족으로 건너온 이가 자기의 옛 길로 돌아간다 하더라도 한 번 유대인은 영원한 유대인이다. 그 점 때문에 개종을 돕는 라브들은 그에 대한 책임감을 강하게 가르친다. 개종자들은 기본적으로 토라에 명시된 대로 유대인들에게 그들 자신보다 더 큰 사랑을 받아야 한다. 모두에게 좋은 사람이 되거

Chapter 8. 노아하이드, 그리고 유대교 개종자

나 모두가 나에게 좋은 사람이 될 수는 없지만 필자의 개인적인 기준으로 얘기하자면 인종차별만큼은 그 어디서도 받은 적 없었고 오히려 분에 넘치는 환대와 존중을 받았다. 물론, 태생 유대인들 사이에서도 아무렇지 않게 다가가고 어울릴 수 있도록 말과 행동 자체를 자연스럽게 하고자 부단한 노력을 했던 것은 사실이다.

마쉬악흐의 날에 세상 사람들이 다 한 분의 하쉠만 섬기게 되고 예루샬라임에서 모인다고 하는데 그러면 모든 인간이 유대인이 된다는 것인가?
개종자에 대한 법을 가르치는 할라하(토라적 삶의 규범)에는 이러한 내용이 있다. 'אין מקבלים גרים לימות המשיח'. 이 내용은 마쉬악흐(메시아)의 날이 도래할 때는 비유대인들의 유대교로의 개종을 받지 않게 된다는 말이다. 마쉬악흐의 날에 모든 비유대인들은 노아하이드가 된다.

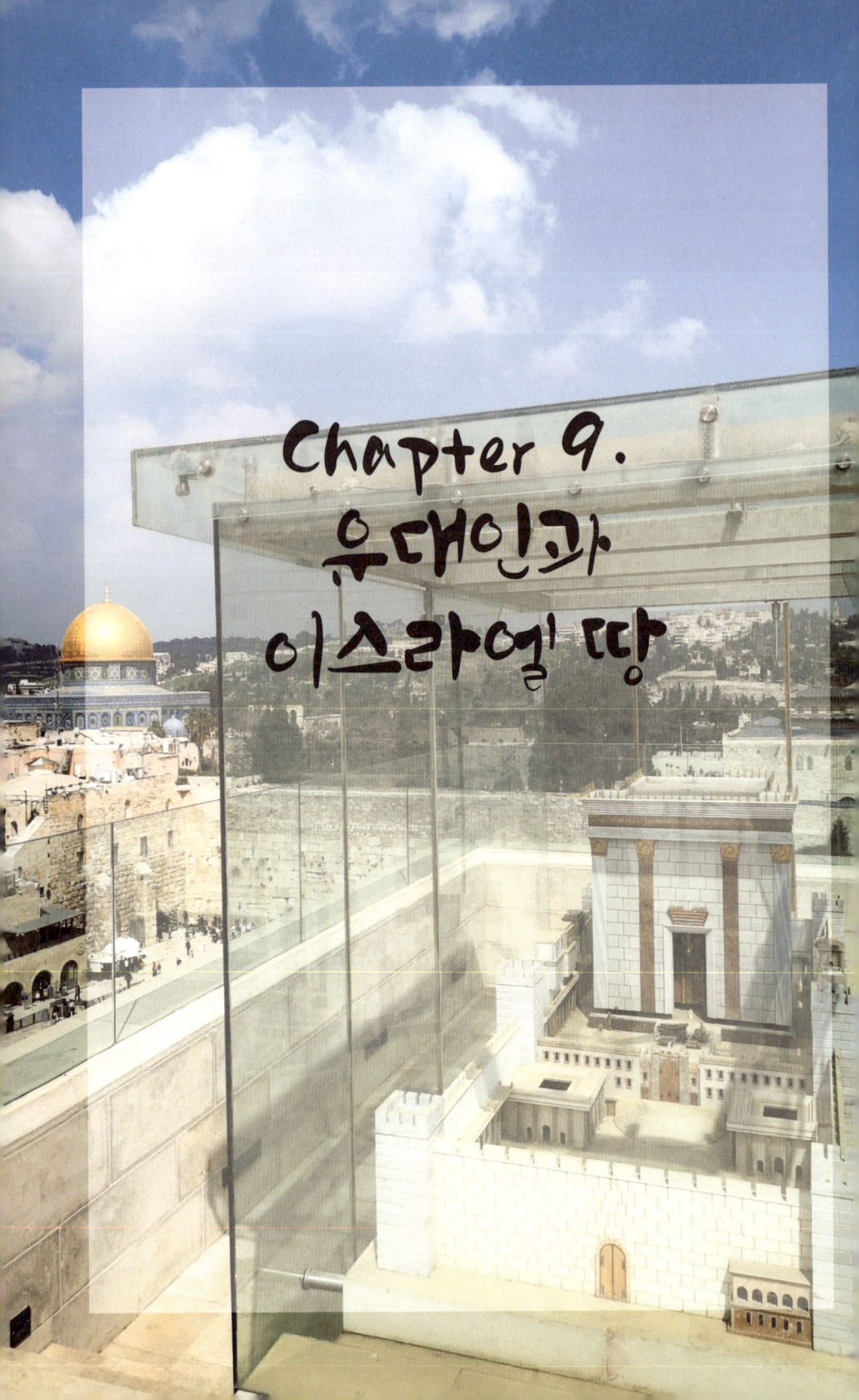

Chapter 9.
유대인과 이스라엘 땅

Chapter 9. 유대인과 이스라엘 땅

정통파? 초정통파?

유대교 규율을 따르는 유대인을 구분하는 법에 있어 한국은 분명히 정의할 수 있는 용어가 있음에도 불구하고 실제로는 굉장히 혼란스러운 구분을 두고 있다. 정통파는 어떤 경우의 사람들이며 초정통파는 무엇인가? 하레디(חרדי)는 무엇이고 하바드(חב״ד)는 무엇인가?

유대교의 규율을 따르는 유대인은 기본적으로 크게 묶어 다티(דתי)라고 부른다. 이건 종교인이라고 부를 수 있는 유대인들에 관한 통칭이다.

그 가운데서 이스라엘에서 종교인이라고 할 때 기본적으로 연상되는 사람들은 이스라엘의 경우와 한국에서 생각하는 경우가 크게 다른데, 한국에서 생각하는 검은 모자, 그리고 주로 '긴' 검은 코트만 입고 다니는 이들은 초정통파 유대인들로, 이들은 영어로도 Ultra Orthodox라고 불린다.

이러한 이들을 주로 크게 묶어 하레딤(단수형: 하레디)이라고 부르며, 이들의 특징은 스마트폰을 쓰지 않고, 집안에 TV가 없는 등 그 생활 방식의 독특함으로 인해 같은 이들끼리의 공동체로 마을을 형성해 살지 않으면 해당 생활의 지속이 어렵지는 않을 수 있더라도 상당히 불편하다는 데 있다. 이스라엘 내의 대표적인 하레딤 마을은 예루샬라임에 있는 메아 쉐아림(מאה שערים)과 텔아비브 인근의 브네이 브락(בני ברק)이 있다. 참고로 그들 모두의 겉모습을 보고 라브라고 생각하는 경우도 많지만 당연히 모두가 라브는 아니다.

하레딤 같이 자신들만의 독보적인 계통의 사람들이 모여 사는 곳이 아닌데도 이스라엘 여기저기서 볼 수 있는 초정통파 종교인 같은 이들을 만난다면, 그들은 하바드라는 그룹의 유대인들일 가능성이 높다.

반면에 이스라엘에서 전반적으로 종교인이라고 불린다면 가장 보편적인 그룹은 키파(머리에 쓰는 둥근 모자)만을 쓰고 다니는 다티 레우미(דתי לאומי)가 있다. 그 의미부터가 '국가 종교인'이라는 의미일 정도로, 종교인이라고 불릴 만한 조건의 모든 사람들 중 입고 다니는 스타일의 서로 다름과는 상관없이 한 틀로 묶어 부르는 표현이다. 필자 또한 다티 레우미로, 이 모두는 이스라엘에서 정통파(Orthodox)로 불린다.

유대인들 중 종교인들을 구분할 가장 큰 특징 중 하나는, 보수파와 개혁파 유대교, 그리고 기록 토라만의 문자적인 준수를 고수하는 카라이트, 그리고 메시아닉 등은 모두 앞에서 얘기한 유대교의 정상적인 범주로 이스라엘에서 인정되지 않는다. 그러나 정통파와 초정통파는 비록 서로의 의견과 스타일이 다른 부분이 있더라도 유대교라는 기치 안에서 하나로 인정된다.

유대교의 대표적인 분파들

초정통파 유대교 (Ultra Orthodox Judaism)

흔히들 정통파 유대교와 혼동하여 부르고 생각하는 분파이지만 하레딤(단수형: 하레디)이라고도 표현하는 초정통파 유대교는 그 분류를 표현하는 이름답게 할라하와 그로 인해 구분되던 그룹 간의 전통을 가장 엄격하게 지키는 이들이다. 그러나 그들은 사실 초정통파라는 구분 자체를 경멸로 여기는데, 그들은 다른 유대교 구분 자체를 아예 동의하지 않기 때문이다.

하레딤은 각자가 따르는 라브에 따라 철저히 순종하는 그룹의 형태를 갖고 있기도 한데, 그로 인해 모두가 검은 중절모 같은 모자와 긴 코트

Chapter 9. 유대인과 이스라엘 땅

등으로 겉모습이 비슷해 보이지만 사실은 그 안에서도 많은 부분이 의외로 조금씩 다른 모습들을 갖추고 있다.

하레딤 중 일부는 이스라엘 국가를 지지하지 않는 것으로 유명한 그룹도 있다. 모든 하레딤이 그러한 입장을 갖는 것은 아니지만, 실제로 이스라엘 내 초정통파 마을에도 버젓이 이 땅이 팔레스타인이며 마쉬아흐(메시아)가 오실 때까지 아랍인들에게 통치권을 넘겨주어야 한다고 주장한다.

그러한 이들은 현대 이스라엘 국가가 '실패한 재건'이라고 하면서 세속적인 유대인들에 의해 세워지고 세속적인 교육이 이루어지는 것을 끔찍하게 경멸한다.
이러한 입장은 종교적인 유대인들 내에서도 동의할 수 있는 부분이 분명 있으나, 그러한 주장의 극단적 표출이 실제 시위 등으로 나타나기에 모두에게 존중을 받는 입장은 아니다.

하레딤은 세속적인 사회와의 철저한 분리를 추구한다. 특히 토라를 공부하는 데 방해되는 모든 행위나 시간을 낭비하는 것에 대한 주의를 굉장히 요구하는데, 대표적으로 인터넷을 사용하는 행위나 TV를 보는 것 등이 있다.

그러나 하레딤은 '속세를 버리는' 자들은 아니고 세상 가운데서 유대인으로써 지극히 거룩해야 된다는 입장으로 인해 세속적인 유대인과 심지어 비유대인과도 필요한 사회적 교류의 관계를 두고 있기도 하다.

한국에서 이들은 흔히 613개의 계명을 모두 지킨다는 유대인들의 표본으로 소개되는 경우도 있지만, 토라의 모든 계명은 한 사람이 모두 지켜야 하는 것을 둔 의미가 아닌, 각자의 신분과 성별, 나이 등에 따라 지켜야 할 생활 명령의 총체이기 때문에 그것을 모두 지킨다고 하는 말은 애초에 맞지 않는 표현이다.

이스라엘에서 하레딤을 보는 경우 비슷한 복장의 많은 이들이 돌아다니는 것으로 인해 비율이 많을 것이라고도 생각하지만 실제로 그들의 비율은 10% 남짓이며, 오히려 비종교인인 유대인들이 사회의 70%를 이룬다.

하레딤으로 태어난 사람들은 주로 교육적인 면에 의해서 그것을 잘 지켜나가는 편이기도 하나 많은 이들 또한 그러한 신념을 버리는 이들도 존재하며, 반대로 종교가 없던 유대인이 하레딤으로 전환하여 살기도 한다.

정통파 유대교 (Orthodox Judaism)

정통파 유대교는 토라와 할락하의의 엄격한 준수를 옹호한다. 이스라엘에서 '종교인'이라고 하면 기본적으로 정통파 유대교를 기준으로 구분된다. 유대교로 개종을 하는 이들은 바로 이 정통파 유대교의 기치를

Chapter 9. 유대인과 이스라엘 땅

기준으로 공부하고 개종하게 된다.

정통파는 토라의 계명을 변형하지 않는 것엔 절대적인 입장이나, 그 계명을 중심으로 삶을 살아가는 방법을 구성하는 할락하는 시대에 따라 해석되고 결정되어지는 것에 유동성을 둔다.

유대인들을 율법주의자라고 비난하며 율법에 묶여 사는 자들이라고 비아냥대는 이들도 있다. 계명과 율법의 관계에서 토라의 명령은 '하늘의 명령'인 불변의 계시로 외부의 영향을 넘어서는 것으로 간주하고 변형하지 않으나(예: 샤바트, 코셔, 토라 공부 등), 실질적으로 율법이라고 할 수 있는 할락하는 유대인들이 흩어져 살고 있던 지역의 문화와 관습, 환경에 따라 조금씩 다른 기준을 둔다. 그런 점에서 유대인들이 율법에 묶여 산다는 말은 그 진짜 내용에 대한 오해가 짙게 깔려 있는 표현이다.

정통파 유대교는 예루샬라임의 성전에 대한 회복과 유대인의 귀환, 죽은 자들의 육체적 부활에 대한 믿음을 중요한 삶의 지향점으로 두고 있다.

정통파는 세속적인 압력 속에서 전통적인 신념을 강하게 고수한다. 그러나 특별히 통일된 체계와 복장을 갖추는 것에 의미를 두지 않으며, 특별히 조직화 된 체계를 따르는 입장 또한 아니기에 겉으로 보이는 모습으로는 직접적인 구분이 어렵다. 정통파 유대인의 입장은 할락하에 대한 철저한 준수를 통해 구분된다.

보수파 유대교 (Conservative Judaism)

미주에 기반을 두고 있는 보수파 유대교 그룹은 전통적인 면을 무시하지 않는 마쏘르티 유대인들로 구분하기도 하나 이스라엘 내의 마쏘르티와는 달리 '종교성'을 유지한다는 점에서 그 의미가 다르다.

보수파는 할락하가 가진 삶의 구속력을 인정하지만 그 해석에 있어서는 정통파보다 더 유연성을 두며 엄격한 기준을 세우지 않는다. 보수파는 다원주의를 허용하며, 진화론적인 접근을 받아들이기도 하고 성서 비평을 수용한다. 그러나 그러한 점으로부터 파생되는 여러 아이러니는 다른 유대교 그룹으로부터 비판을 받고 있다.

세속적인 유대인들에게 보수파 유대교는 표면적으로 개혁파 유대교보다 더 전통을 지키려 한다는 점과 정통파 보다는 덜 엄격해 보인다는 점에 의해 '타협안'으로 간주되기도 한다.
보수파는 특히 구전 토라의 내용이 현대 사회의 문화적 차원에 융합되지 못한다고 여긴다. 보수파로 유대교 개종을 하는 경우 정통파 커뮤니티에서 유대인으로 받아들여지지 않는다.

개혁파 유대교 (Reform Judaism)

개혁파 유대교는 진보파, 자유주의 유대교로도 불린다. 개혁파는 할락하의 구속력을 인정하지 않고 외부적인 자유주의의 가치를 더 고려한다. 때문에 종교만 유대교의 형태이고 모든 의식과 개념이 기독교와 다르지 않다는 비판의 대상이 된다.

실제로 개혁파의 유대교에 대한 태도는 '포기'에 가까우며, 개인의 상황에 따라 자유로운 교리적 적용을 허용한다. 특히 다른 유대교 그룹 간에서 엄격하거나 그보다는 덜 하더라도 최소한의 제한적인 부분이 있는 여성의 역할에 대해 개혁파는 완전히 자유롭게 허용한다. 일반적인 유대교와 다른 개혁파의 뚜렷한 특징들은 다음과 같다:
- 동성애와 동성 결혼에 대한 인정
- 이스라엘을 팔레스타인의 억압자로 규정하며 해당 정책에 대한 전면적인 반대 입장을 표명
- 코셔 규율의 유연한 적용
- 샤바트 규율의 유연한 적용
- 쉬운 개종 절차

개혁파는 정통파 유대교에서 얘기하는 모든 방식에 대해 현대 사회와의 연관성을 부인하며, 특히 의인에 대한 보상과 악인에 대한 형벌에 대한 믿음의 개념도 부인한다.

개혁파로의 개종 역시 보수파와 마찬가지로 일반적인 유대교 사회에서 유대인으로 인정되지 않는다.

카라이트 유대교 (the Karaite)

카라이트 파는 구전 토라 없이 오로지 기록 토라(모세 5경)의 내용만 인정

하는 유대교 분파이다. 카라이트는 하쉠의 신성한 계명이 추가적인 설명이 없이 기록 토라 그 자체만 온전히 전해져 왔다고 믿는다. 때문에 탈무드와 미드라쉬 같은 유대 유산 또한 전혀 인정하지 않는다.

카라이트는 기록 토라의 분명한 의미를 파악한다는 명목으로 '그 책이 쓰였을 당시'라는 역사적 시각의 맥락을 의지한다. 그리고 그를 통한 개인적 의미 적용이 모든 유대인들의 개인적 책임이라고 가르친다. 그러나 카라이트의 공동체 자체에 상속되는 전통이 특별히 없어 기록 토라의 관습을 문화적 상황에 맞추는 경향이 있고, 그로 인해 일반적인 사회 모두와 문화적으로 동화되는 모습도 보이는 역설을 지닌다.

유대인의 뿌리 논쟁

지금의 유대인은 온전한 유대인인가? 현재의 유대인들은 지파의 개념을 갖고 있지 않아 정답이라고 할 수 있는 것은 없다. 그러나 성전에서 중요한 책무를 맡아오던 코헨(제사장)과 레비(레위) 가문은 오랜 세월동안 흩어져 있는 곳들에 따라 성씨를 부르는 방식 등이 달라지거나 의도적으로 개명을 한 경우도 있지만, 대체적으로 수많은 이들이 고유의 정체성을 잘 지켜오고 교육하는 가문들이다. 이들 가문은 회당에서의 기도와 축복, 그리고 토라 읽기에서 중요한 역할을 담당하기에 전통적으로 교육이 잘 유지되고 있는 가문들이라 할 수 있다.

유대인의 제사장 가문으로 유명한 성씨는 코헨, 카쯔, 카하나, 카플란

Chapter 9. 유대인과 이스라엘 땅

등이 있으며, 레비 가문의 성씨는 레비, 하레비, 레빈스키, 쎄갈, 싸피라, 아루씨, 헤르쯔, 알쉑흐 등이 있다.

물론 이것은 대체적인 경우를 소개한 것이며, 이러한 성씨를 가졌다고 해서 무조건적으로 어떠한 지파라거나 심지어 이스라엘 내에서가 아니라면 그러한 성씨를 가진 이가 유대인인지 알 수 없는 이들도 있다. 이것은 세상에 흩어진 모든 유대인들에게 적용해도 마찬가지라서, '유대인 같은' 성씨를 지녔다고 그가 꼭 유대인인지는 알 수 없는 경우도 있다. 정확히 뿌리를 추적하는 것은 어렵지만 각자가 흩어져 있던 세상에서 어떤 식으로 유대인의 핏줄을 이어받았는지는 아무도 알 수 없다. 한편 같은 뿌리 논쟁의 계열로서 한국에서 많은 이들에게 정설처럼 여겨지는 카자르 왕국의 유대 국가 건설은 어떻게 바라보아야 하는가? 그들은 정말로 아슈케나지 유대인들의 근원이 되는가?

'유대국가'를 표방하며 온 나라가 개종했다는 카자르 왕국의 개종이란 것은 증거도, 그에 따른 어떠한 입증도 할 수 없음에도 불구하고 놀랍게도 많은 이들이 그것을 '그냥 그렇다고 하니' 사실로 받아들이며, 놀랍게도 그 모든 내용은 그저 추측에만 의존한다.

또한 '유대인들이 아니었음에도 온 나라가 개종했다'라는 말 자체가 허점임에도 불구하고 많은 이들이 유대 문화를 실질적으로 모르기에 그것을 여과없이 사실로 받아들이는데, 그들이 실제로 모두가 개종을 한, 또는 자청한 자들이라고 해도 그것이 유대 할락하(토라적 삶의 규범)적으로

Chapter 9. 유대인과 이스라엘 땅

절대 인정되지 않는다는 것을 모르고 하는 얘기이다.

카자르의 국가 개종 이야기는 유대교에 관해서 민족의 개념을 등한시하고 종교의 개념만 앞세워 상상한 내용으로, 거기에는 카자르 왕국의 모든 남자가 할례를 받았다는 내용도 없을뿐더러, 그들의 기록과 관련해서 유대적 정체성을 확실하게 증명해 줄 히브리어의 연관성 또한 전혀 존재하지 않고, 카자르 왕국의 세력권이라는 지역을 포함해 유럽에는 유대인들이 이미 서기 1세기 이전부터 나가 있었으며 그 중 많은 유대인들이 '헬라화 된 유대인'을 뜻하는 미트야브님처럼 스스로 타민족에 섞여 들어가 있었다는 역사적 사실로 비추어보면 물리적 근거도, 영적 의미도 전혀 고려하지 않는 거짓일 뿐이라는 것을 알 수 있다.

이스라엘 성지순례라는 것의 현실

한국에서 이스라엘을 여행으로 방문하는 테마는 보통 무엇이 있을까? 안타까운 점은, 한국에서 이스라엘로 오는 이들은 그가 비록 종교가 딱

Chapter 9. 유대인과 이스라엘 땅

히 없는 지나가던 배낭여행객일지라도 '이스라엘은 무조건 성지순례'라는 테마를 잡는다는 것이다. 이스라엘은 정말 성지순례가 아니라면 볼 것이 없는 땅인 것일까? 한국은 해외여행을 모두가 자유롭게 다니기 시작한 역사가 짧음에도 불구하고 수준 있고 도전적인 다양한 여행을 즐기는 면이 발달한 나라라고 생각한다. 그러나 그런 이들도 모두 이스라엘을 목적지로 삼기만 하면 그들의 종교 여부에 상관없이 기독교 관련 유적이 방문의 중심이 된다. 그렇다면 이스라엘 사람들도 해외를 나가지 않고 자국 내 여행을 할 때 성지 유적 및 기념 교회들을 다닌다는 것일까? 전혀 그렇지 않다. 이스라엘 내에서도 역사들이 어우러진 다양하게 즐길 수 있는 자연 환경과 특별한 장소들이 많이 존재한다.

거기에 하나 더 당황스러운 점은, 특히 한국에서 단체로 방문하는 이들이 막상 유대인을 이스라엘 땅에서 만나보지 못한다는 현실인데, 물론 이 극단적인 표현은 공항이나 통곡의 벽 같이 당연히 유대인들이 대다수인 장소에서 그들을 보았다는 것을 간과하는 의미의 내용이 아니다. 거기에는 이스라엘이 돌아다니는 모든 곳에서 꼭 현지 유대인들을 볼 수 있는 나라가 아니라는 아이러니에 있는데, 예를 들어, 한국의 경우는 어느 곳을 돌아다녀도 한국인을 기본적으로 만날 수 있지만 이스라엘은 그러한 상황과는 아주 달라서 어떤 한 도시가 아예 다른 민족인 경우도 많다.

이스라엘 현지를 돌아다닐 때 유대인들을 만나지 못한다는 건 바로 기독교 성지들과 직접적인 관련이 있다. 눈썰미가 있는 자라면, 그런 곳

Chapter 9. 유대인과 이스라엘 땅

들을 다니면서 보는 입장료를 받는 이들이나 관리인 등이 아랍인인 경우가 대다수이며, 성지 부지라는 곳들과 그곳의 건물들이 아랍인들의 지역에 들어가 있는 경우가 상당하다는 것을 알 수 있다.

기독교인들이 성지로서 중요히 여기고 방문하는 이스라엘의 도시들 다수는 유대인들에게도 그 중요한 의미가 겹치는 장소도 있지만, 아랍인들과의 관계 상 안전상의 이유로 오히려 역으로 유대인들이 들어갈 수 없는 곳도 많은데, 그 대표적인 장소들이 슈헴(세겜/세켐), 예릭호(여리고/예리코), 베이트 렉헴(베들레헴), 그리고 헤브론의 대다수 구역 등이다.
그러한 곳을 가기 위한 여정의 경우 대부분의 시간에서 유대인들의 도시나 마을은 그저 지나가는 길목일 뿐이며, 오히려 내려서 직접 땅을 밟는 대부분의 장소는 아랍 시장과 마을 내부, 아니면 인적이 없는 광야나 서로 같은 관광객 들만 마주치는 장소들을 주로 방문한다.

거기에 더해지는 결정적인 문제는, 이스라엘을 소개한다는 한국의 단체 전문 가이드는 모두가 예외 없이 성지순례 전문만을 타이틀로 내세운다는 점으로, 어떤 식당이 유대인들의 문화를 보여주고 어떤 장소가 유대인들의 문화를 이해할 수 있게 하는 지에 대한 것들을 전혀 고려하지 않는다는 것에 있다.

그렇게 이스라엘은 한국에게 가이드부터 여행 안내 책자, 방문 장소 등 모든 것이 이 땅의 주인인 유대인과는 동떨어지게, 그리고 유대인들은 그들에게 그저 복음을 받아들이지 않는 불쌍하거나 교만한 이미지로 각인되게 된다.

물론 이스라엘에서 그런 곳들을 역사적인 장소의 의미로서 관람하는 것은 개개인의 자유지만, 그것이 이스라엘을 보고 가는 전부가 되는 것은 확실히 문제를 제기하지 않을 수 없다. 이스라엘에 적용하는 이러한 여행의 개념은 분명 다른 나라를 바라보는 관점에서는 존재하지 않는 현상이기에 그 안타까움이 특히 더하다.

팔레스타인이라는 것의 허구

이스라엘과 팔레스타인 문제라는 것에 관련해서 간단하게 설명할 수 있는 가장 기본적인 사실은 아랍 사람들이 주장하는 팔레스타인이라는 것은 그런 나라가 존재한 적이 없었다는 사실이며, 이스라엘이 누군가의 땅을 빼앗아 자기들의 것으로 만든 것이 아니라는 점이고, 그것은 단순히 '신께서 유대인들에게 약속한 땅이니 다시 돌아온 것이다'라는 이유로 귀결되지 않는다는 것이다.

한국의 많은 이스라엘 관련 서적과 지도를 보면 이스라엘을 팔레스타인 땅, 또는 팔레스타인 지역으로 표기하는 경우를 많이 볼 수 있다. 그래서 해당 글에서는 누구라도 그 내용을 쉽게 찾아볼 수 있는 역사적 현실을 나열함으로써 단순히 미디어에서 얘기하는 말만 듣고 상상하는 팔레스타인에 대한 허구를 짚어본다.

이스라엘 땅은 타낙흐(성경)가 기록되던 시기에 주변 국가들 기록들도

Chapter 9. 유대인과 이스라엘 땅

아랍은 자기들의 팔레스타인 이야기를 홍보하며 기독교의 내용도 왜곡해서 사용한다.

크나안(가나안) 땅, 이스라엘 땅, 예후다(유대) 지역, 다비드(다윗)의 집 등의 이름을 혼용으로 사용해 왔다. 그것이 지금으로부터 2,300년 전 경의 그리스 침공에 이어 로마 제국의 지배 아래까지 들어갈 때도 쥬대아/쥬데오 지역 등으로 유대인의 정체성이 상기되는 이름을 계속 유지해 왔다. 이스라엘은 결코 누구에게서도 팔레스타인이라는 곳으로 불리지 않았던 것이다.

그러한 상황의 반전이 서기135년에 일어나는데, 하드리아누스(아드리안) 황제 때 그가 유대인들에게 토라 공부랑 샤바트(안식일) 준수, 할례 등을 행하지 못하게 하는 등 유대교에 관련된 전반적인 행위들을 금지시킨 것에 대항해 바르 콕흐바(바르 코크바)의 항전이 일어난 것이다. 당시의 유대 현인들 중 몇몇은 그때가 마쉬악흐(메시아)의 때가 도래한 줄로 생각할 정도로 전투가 치열했었다 그 항쟁의 실패 이후 하드리아누스 황제는 예루샬라임(예루살렘)을 완전히 재편시켜 버리는데, 그냥 도시를 좀 부수거나 재건축 등을 하는 것이 아니라 기존의 도시를 뒤엎어 그 위에 완전히 다른 로마식의 도시를 지어버린 것이다.

Chapter 9. 유대인과 이스라엘 땅

유대인들의 재앙은 거기서 끝나지 않아서, 예루샬라임은 하드리아누스의 본명을 따서 그 치세를 자랑하는 '아엘리아 카피톨리나'로 이름이 바뀌어 불리기 시작했고, 유대인들의 예루샬라임 출입이 금지되었으며, 이스라엘 땅/유대아 지역 전체의 이름은 로마령의 지역 중 하나였던 시리아 쪽이랑 붙여 '쑤리아-팔레스티나'로 이름이 바뀌어 버리는 치욕이 주어졌다. 유대인들이 로마 제국의 지배하에서도 마지막 자치권으로서 갖고 있던 이스라엘이라는 이름마저 완전히 짓밟히고 쫓겨나게 된 것이다.

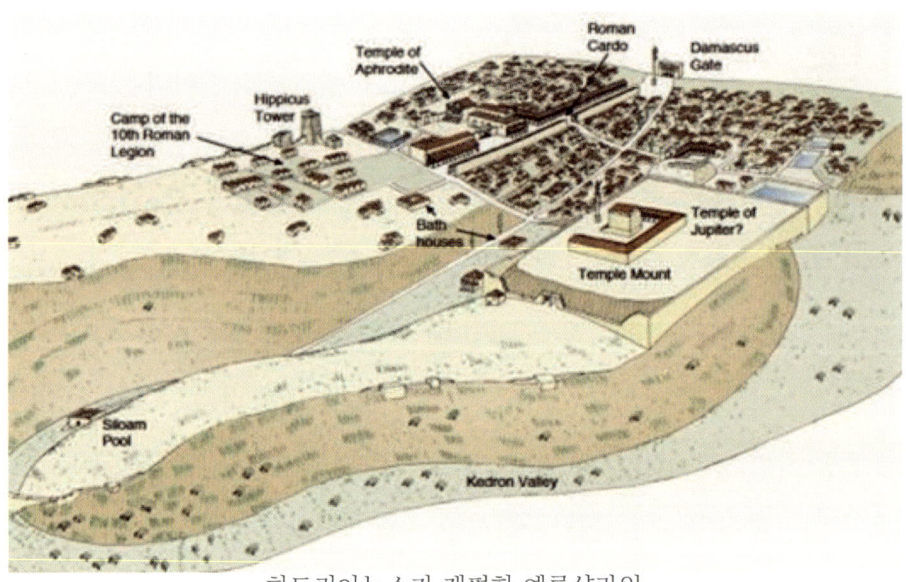

하드리아누스가 재편한 예루샬라임

그럼 로마는 왜 이스라엘 땅을 팔레스티나로 부르게 된 것일까? 그것은 한국에서 블레셋으로 부르는 유대인들의 오랜 적, 플레슈팀 (פלשתים)의 로마식 발음으로 부르게 된 것이며, 유대인들의 정체성과 관련하여 로마가 줄 수 있는 최고의 치욕을 안겨준 팔레스타인이라는

Chapter 9. 유대인과 이스라엘 땅

이름은 그 라틴어 발음의 영어 음역이다. 그러나 지금의 팔레스타인 사람들이라고 자칭하는 사람들의 역사라는 것을 들어보면 어떠한 내용이 없이 그냥 대충 뭉뚱그려서 2천년 전에 유대인들이 이곳에서 쫓겨난 후 자기들(아랍인)이 들어와 살아왔던 터전이라고 얘기한다. 그마저도 최근에는 자체적인 교육의 영향 탓인지 유대인의 역사가 이스라엘 땅에 아예 존재한 적이 없었다는 억지 주장도 나오고 있기도 하다.

성서 시대의 플레슈팀의 모습

그러면 토라에도 나오는 플레슈팀은 아랍인들일까?
안타깝게도(?) 전혀 아니며, 그들의 기원은 크나안 땅의 원주민도 아닌 크레타 섬 인근에서 바다를 건너와 정착한 그리스 계열의 이주민들임을 역사가 증명한다. 아라비아 반도, 아라비아 사막이라는 이름이 그 기원을 얘기하듯이, 이스라엘 땅 중심부에 있는 광야가 예후다 광야, 쥬대아 광야 등으로 불리는 것 역시 그 기원이 누구에게 있는 것인지 잘

Chapter 9. 유대인과 이스라엘 땅

말해주고 있다.

로마의 땅 개명 이후 이스라엘 땅을 거쳐갔던 모든 제국이나 세력들도 그 지역의 이름을 팔레스티나, 필리스틴, 팔레스타인 등으로 불러왔으나 그들은 그 이름의 기원을 이해하고 있었으며, 아랍과의 연관이 아닌 것은 당연한 것이었다.

한국에서 이스라엘 역사를 바라보는 데에는 몇 가지 맹점이 있다. 그 중에서도 유명한 맹목적 믿음 한 가지는 로마가 서기 70년에 성전을 파괴하고 유대인들을 내쫓을 때 이스라엘 땅에서 완전하게 내쫓았다거나, 유대인들이 자체적으로 완전히 빠져나간 것 등으로 인식하는 경우가 있다는 것이다. 그러나 그들의 생각과는 달리 유대인들은 계속해서 이스라엘 땅에 남아 존재해 왔으며, 그 수가 다시금 어떠한 세력을 이루지 못할 정도였더라도 계속해서 남아 역사의 흐름들을 함께 해왔다.

또 하나 중요한 사실은 이스라엘 땅은 로마의 파괴 이후 그 누구의 나라로도 있었던 적이 없었는데, 로마의 팔레스티나 개명(135년)이후부터 이스라엘의 재건국(1948년)까지의 시간을 거쳐갔던 비잔틴 제국(324년), 초기 무슬림 침공(638년), 십자군(1099년), 맘루크(1291년), 오스만 터키(1516년), 영국 위임 통치(1917년) 이 모두는 이스라엘 땅에 이름 뿐인 왕국을 선포했던 십자군 시대의 일부 기간을 제외하고는 모두 이 땅을 거점으로 두는 것이 아닌 거쳐가는 세력들일 뿐이었다.

Chapter 9. 유대인과 이스라엘 땅

이스라엘 땅에 남아있던 유대인들 중 토라 학자들은 그 사이에 입으로만 가르쳐지던 구전 토라를 예루샬라임 성전의 파괴 이후 북쪽의 갈릴리 지방에서 기록으로 집대성하여 미슈나와 탈무드까지 편찬해 냈는데 그 편집의 기간은 무려 서기 2세기부터 7세기까지로 얘기될 정도였다.

또한 1900년대 초기에는 영국이 이스라엘 땅에 남아있던 유대인들을 팔레스타인 유대인(Palestine Jew)이라고 표현했으며, 1920년대 이후 영국에 의해 임시적으로 만들어진 팔레스타인 지역 깃발이라는 것을 보면 지금 당장 이스라엘의 국기로 사용해도 이상하지 않을 유대인들의 상징이 표시되어 있는 것을 볼 수 있고, 1927년에 발행된 팔레스타인 동전이라는 것을 보아도, 히브리어로 쓰여 있는 팔레슈티나라는 글자 옆에는 이스라엘 땅을 뜻하는 에레쯔 이스라엘(ארץ ישראל)의 약자가 새겨져 있다.

1920년대 브리티쉬 팔레스타인 깃발

그러나 사실 영국은 유대인들에 그리 친절한 입장은 아니었는데, 회당 신축의 허가 문제, 코텔(통곡의 벽) 출입 문제, 새로 이주해 들어오는 유대인들의 거주 권한 제한 등 오히려 유대인들을

Chapter 9. 유대인과 이스라엘 땅

막으려고 노력했고 결코 호의적으로 받아들이지 않았으며, 그때쯤부터 유대인과 아랍인의 대립이 심화되던 것으로 인해 영국은 두 국가 해법(Two State Solution)까지 고려하며 모두에게 분쟁과 걱정을 안기고 있었던 때였다는 것을 볼 때 주요 민중을 부르던 명칭, 깃발, 동전 같은 것들은 오히려 역으로 아랍의 팔레스타인 같은 것이 아닌 팔레스타인의 본질적 의미를 인지하고 있었다는 증거를 명확히 보여주는 예시이다.

이 모든 것은 이스라엘이 재건국을 공식적으로 선언한 1948년 이전의 일들로, 놀랍게도 지금의 팔레스타인 이야기를 만들어 낸 배경이 되는 한 사람의 등장이 그 후에 나타나는데, 팔레스타인 해방 기구(PLO)라는 것의 초대 의장을 맡았던 야씨르 아라파트라는 인물이 1964년 이후 지금의 아랍 팔레스타인 이야기를 역사적 사실로 둔갑시킨 것이다.

아랍인들이 얘기하는 팔레스타인 국가와 사람들이라는 것은 단순히 근거가 없는 정도가 아닌 존재한 적이 없던 완전한 허구임에도 불구하고 UN에서 아랍권의 동조를 힘입어 지금까지도 무에서 유의 이야기들을 계속 지어내는 중이다. 거기에 1964년에 제정된 팔레스타인 국기라는 것이 이미 1928년에 제정된 요르단 국기에서 별 하나를 제외한 카피일 뿐이라는 점은, 중동 지역의 국기들이 익숙한 이들에게는 쉽게 구분되는 것이다.

팔레스타인 이야기가 현재 기준으로 60년이 다 되어가면서 이스라엘

Chapter 9. 유대인과 이스라엘 땅

을 바라보는 외부의 시각으로 인해 기정사실화 되어가는 이 현실은 이스라엘을 부정할 시 이 땅을 거쳐간 로마, 십자군, 오스만 시대의 건축물부터 모두 없던 것이 되어야만 말이 되는 이야기가 된다.

현재 국제 문제로서 이슈를 부풀린 유대인들의 정착촌에 대해서도 마찬가지라서, 실제로 사마리아 지역이라는 곳을 다녀보면 유대인의 마을과 아랍인의 마을이 그 스타일부터 명확한 구분이 이루어지는데, 불쌍한 아랍인들을 쫓아내고 건설했다는 유대인들의 정착촌은 그 장소들을 방문해 본다면 이전에 아랍인들이 살았을 공간의 파괴의 흔적이나 그들의 집을 빼앗아 사는 모습들이 보여야 한다. 그런데 그러한 증거는 눈을 씻고 찾아봐도 발견할 수 없다. 그러한 곳들이 애초부터 아예 없기 때문이다.

이스라엘은 이러한 역사 왜곡에 대외적으로는 특별한 반응을 보이지 않고 침묵을, 그리고 내부적으로는 그러한 왜곡이 실제적인 위협이 될 때만 강경하게 대처하는 편이다.

Chapter 9. 유대인과 이스라엘 땅

예루샬라임이 3대 종교의 성지?

예루샬라임(예루살렘)을 찾는 이들에게 이스라엘의 명소로서 유명한 통곡의 벽/서쪽 벽은, 관광명소 치고는 그 분위기가 특이하다고 할 수 있는 곳인데, 가이드의 설명 등을 들어도 그 본질적인 목적을 이해하고 가는 이들은 거의 없다고 할 수 있다.

그리고 사람들이 마치 이스라엘의 상징인 것처럼 여기기도 하는, 그 위로 자리한 황금돔/바위사원은 한국에서 그곳을 제대로 소개하는 자료

Chapter 9. 유대인과 이스라엘 땅

가 아예 없다 보니 그저 이슬람의 성지, 또는 옛날의 성전 자리 정도로만 이해하기도 한다. 그런데 성전산은 단순히 옛날에 성전이 있던 자리라는 것 때문에만 서쪽 벽과 함께 중요한 의미를 지니는 것이 아니다. 그 장소는 잘못 이해한다면 그저 불쌍한 팔레스타인의 땅과 성지를 빼앗은 이스라엘, 그리고 3대 종교의 성지라는 허울 좋은 말들로 포장하게 될 뿐이다.

성전산은 어떤 곳이기에 유대인들에게 그토록 중요한 의미가 된 것일까?

일반적인 이스라엘 여행객에게 성전산의 내용을 소개하는 주요 내용은 슐로모(솔로몬) 왕이 첫 성전을 건축한 곳이며, 그보다 더 오래 전에 아브라함이 자기의 유업을 이어받을 유일한 혈육 이쯔학크(이삭/이사악)를 제물로 올리라는 명령에 따라 결박했던 모리야 산이라는 정도로 소개한다.

그런데 세상에 잘 알려지지 않은 특별한 내용들 몇 가지는, 바로 노악흐(노아)가 방주로부터 나와 하쉠께 처음 제물을 올렸던 장소, 그리고 카인(가인)과 헤벨(아벨)도 각자의 제물을 올렸던 장소이며, 첫 사람 아담이 에덴에서 쫓겨나 회개의 제물을 올렸던 곳이 모두 같은 장소라는 것이다. 그리고 그렇게 거슬러 올라간 기원의 절정은 그곳이 바로 땅의 흙으로 아담을 창조했던 인간의 시작이 담긴 곳의 의미를 두고 있다. 유대인들은 그곳에서 하쉠의 집을 대표하는 성전을 건축하는 약속을 부여받았으며, 그곳을 통해 세상을 직접적으로 축복하고 창조의 목적을 가르치는 장소를 맡는 책임을 부여받았다. 그만큼 중요한 의미를 지닌 유일무이한 장소에 서기 691년부터 세워져 지금까지 이어져 오는 이슬람 사원은 이스라엘 역사와 유대인들에 대한 부정적 견해가 크면 클수록, 눈으로 보이는 흔적들과 타낙흐의 역사 기록들은 무시한 채 반대로 이슬람의 성지라고 마음 속에 깊게 생각하게 한다.

안타까운 점은 이스라엘을 소개하는 한국의 여행 책자 등에서도 그 자리에 있는 사원과 의미를 무하마드의 승천 장소로 소개하여 그곳을 신성시한다는 것인데, TV에서 방영하는 내용들조차 그 내용을 기정사실화로 받아들여서 소개한다는 것에 있다.

그렇다면 그곳은 정말로 이슬람의 성지로 불려야 할 사실적인 장소인가를 짚어보지 않을 수 없다. 이 내용은 유대인들이 다시 해당 자리에 성전을 지어야만 하는 정당성을 입증하는 입증해 주는 것이기도 하다. 그 내용은 다메섹, 지금의 다마스쿠스로 불리는 곳에서 거점을 일으킨 우마야드 왕조(서기 660 - 750)의 상황부터 알아봐야 한다. 서기 70년과 135년에 로마에 의해서 큰 진압을 당한 유대인들은 이스라엘 땅에서 본격적으로 흩어지거나 쫓겨나기 시작했다. 그리고 그렇게 이미 황폐해진 땅에 들어온 우마야드 왕조는 유대인들의 거대한 성전 외벽이 무너진 자리에 떨어져 있던 돌들을 취해서 그 벽 한 켠에 붙여 자기들의 궁전을 지어냈다.우마야드 왕조가 들어오기 이전, 이스라엘 땅에는 비잔틴 시대에 지어진 교회들의 많은 수가 파괴됐던 초기 무슬림의 침공

Chapter 9. 유대인과 이스라엘 땅

우마야드 시대를 비롯해 후대 다양한 시대까지 뒤섞인 성전산 남쪽 벽 일대

이 있었는데, 서기 638년에 예루샬라임을 점령한 당시 2대 칼리프였던 오마르나 그보다 이전인 무하마드 자신은 오히려 아직 이스라엘 땅에 남아있던 유대인들을 자신들의 새로운 종교인 이슬람으로 개종시키는 것이 불가능해 보이자 예루샬라임을 무슬림들의 기도처로 중요하게 여기지 않았다.

그런데 우마야드 왕조에 이르러서 예루샬라임이 처음으로 무슬림들에게 거룩한 도시가 되는 사건이 발생하는데, 그것은 역설적으로 지금까지도 여전한 무슬림 세계의 단합되지 못하는 이면을 보여준 결과이기도 했다. 다메섹이 거점이었던 우마야드 왕조는 그곳에서 먼 사우디 아라비아에 있는 무슬림들의 성지인 메카와 메디나 보다 더 가까운 성지를 필요로 했는데, 그 자리를 유대인들이 소중하게 여기던 예루샬라임의 성전산으로 정하게 되고 결국 아브드 알 말리크라는 칼리프가 성전

Chapter 9. 유대인과 이스라엘 땅

이 무너져 있던 자리에 691년 이슬람 사원을 완공시킨다. 흥미로운 점은, 후에 또 다른 칼리프였던 알 마문이라는 자가 자신의 이름을 건축 봉헌자로 바꿔치기 하는 일도 일어났다.

어쨌든 아브드 알 말리크 칼리프의 아들인 왈리드는 이전에 2대 칼리프였던 오마르가 성전산 자리 남쪽에 나무로 만들어 둔 모스크에다가 알 아크사 모스크를 이어서 확장시킨다. (서기 705년 - 715년)

그러나 그 모스크들의 원래 목적은 예수 무덤 성당, 또는 성묘교회 등으로 알려진 자리 앞에 세워진 오마르의 '승리의 모스크'처럼 기독교에 대한 이슬람의 승리를 강조하기 위해 지어진 자리였다. 그를 통해 메카와 메디나로부터도 무슬림 순례자들을 끌어오는 것을 성공하는데, 그럼에도 불구하고 예루살라임은 꾸란(코란)에 그 도시의 이름이 한 번도 언급되지 않는다는 것으로 인해 무슬림들에게 거룩한 도시로 불리지 못하는 불리함이 남아있었고, 새롭게 완공한 모스크와 예루살라임을 이슬람의 것으로 정당화시키고자 무슬림의 전설에 대한 재해석에 손을 대기 시작했다.

꾸란에서는 무하마드(마호메트)가 신비한 말인 알 부라크를 타고 밤의 여정(꾸란 17:1)을 통해 세상의 끝(알 아크사) 모스크에 도달하여 가브리엘 천사와 승천해 모세, 엘리야후(엘리야 예언자), 예수를 만났다고 전하고 있는데, 우마야드 왕조는 그 점을 이용해서 자신들이 완공한 알 아크사 모스크가 바로 그 자리임을 홍보했다.

Chapter 9. 유대인과 이스라엘 땅

유대인들의 성전산은 그렇게 곧바로 이슬람 세계에 그들의 거룩한 장소 중 하나로 인지되기 시작했고 이제는 그 스토리텔링이 아예 사실화가 되어버렸다. 지금의 황금돔 자리는 전해지는 전승을 토대로 기념 장소를 지은 것조차 아닌, 만들어 둔 장소에 사람들을 끌어오고자 후에 이야기를 붙인 장소이다.

유대인들에게 성전산은 인간이 처음 지어진 곳에서 자신들의 직계 조상들이 창조주와 신비롭게 교제한 장소였으며, 그 장소에 대한 중요성을 끊임없이 약속 받고, 실제로 지어졌던 성전의 흔적들을 볼 수 있는 전설이 아닌 실재를 볼 수 있는 곳이다. 그리고 그 마지막은 마쉬악흐(메시아)와 함께 온 인류가 잊고 있던 진정한 창조주에 대한 섬김을 다시금 그 성전산에서 영원토록 하게 될 것이다.

지금의 성전산에 성전이 없다고 그곳이 무슬림들의 성지이거나 아무 의미 없는 자리는 아니다. 이슬람이 자기들과 관련 없는 자리에 이야기를 붙여 그들의 자리로 주장하고 굳히기 전에, 그리고 기독교가 성전의 파괴와 그로 인한 다른 구원(예수)을 이야기하기도 전에, 유대인들은 찌욘(시온)에서 토라가 나오고 하쉠의 말씀이 예루샬라임으로부터 나온다는 것(미하 4:2)을 너무도 잘 알고 있었으며, 모든 민족들이 각자 그의 신의 이름으로 걸어갈 때 유대인들은 하쉠의 이름으로 영원토록 걸어갈 것(미하 4:5)을 어려운 역사 속에서도 충직하게 지켜왔다는 진실을 놓치지 않았으면 한다.

에필로그

나의 개종 이야기

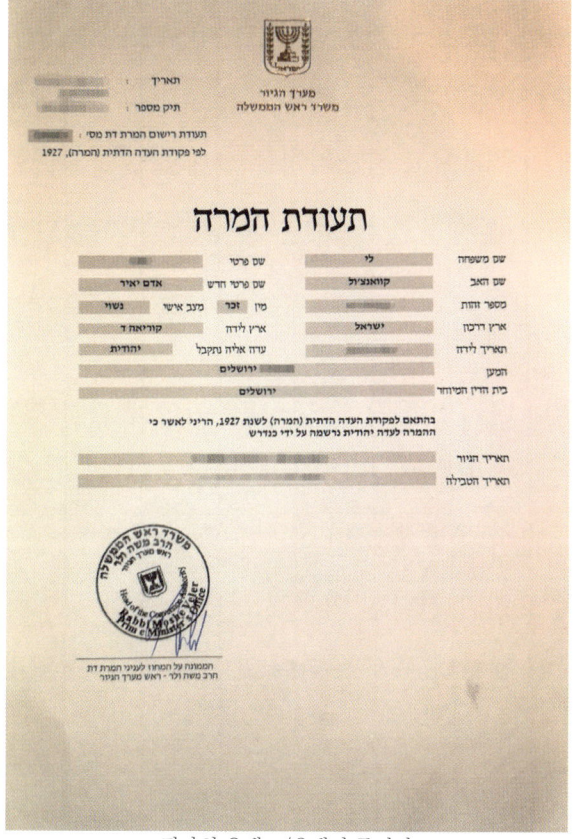

필자의 유대교/유대인 증명서

저는 처음에 이스라엘에 대한 관심이 없는 정도를 넘어서 이스라엘 자체에 대해 아는 것이 거의 없던 사람이었습니다. 독실한 기독교 집안에서 자라나 여러 길을 거쳐 젊은 나이에 일찍이 신학을 공부하고자 했던 마음에 이르렀을 때, 다니던 대학교 도서관에서 우연히 보게 된 히브리어 타낙흐에 마음이 끌렸습니다.

에필로그 - 나의 개종 이야기

도서관 사서로부터 그 책이 히브리어로 쓰여진 유대인들의 성경이라는 얘기를 들었을 때, 이스라엘의 존재조차 이미 없어진 줄 알았던 제게는 그것이 굉장한 충격으로 다가왔습니다. 저에게 이스라엘은 '고대'였으며 '사라진 영광'이었으나, 이스라엘이라는 이름이 내포하는 국가, 땅, 사람들의 실체는 물론이고 히브리어도 그대로 살아있다는 사실이 마치 오래 전에 숨겨두고 잊었던 보물이라도 찾은 듯 생생한 흥분으로 다가왔습니다.

그러나 08, 09년 당시의 한국에서는 이스라엘에 관한 정보가 지금보다도 더 부족했던 시기였고, 히브리어는커녕 학창시절부터 영어조차도 관심을 가지지 않아 어떻게 하면 이스라엘에 대해 알 수 있을까를 고민했지만 앉아서 고민만 한다면 아무것도 얻지 못할 것이라는 마음에 조급하게 이스라엘 표부터 사서 드디어 2010년에 혼자 덜컥 떠나게 되었습니다.

그리고 그 결과는 고생 중의 고생으로 다가왔습니다. 유대인/아랍인도 구분이 안되어 사기당하기 일쑤였고, 어디서 무언가를 봐도 아는 것이 없고 읽을 수도 없어 첫 번째 여행은 그렇게 상처와 피곤함만 남기고 한국으로 돌아가야 했습니다.

다시는 가고 싶지 않다고 스스로 다짐했지만 한 달도 채 지나지 않아 믿을 수 없을 정도로 이스라엘의 공기와 음식, 그리고 잠깐씩 친절함을 맛보았던 사람들이 스쳐가며 몹시 그리워지기 시작했고, 이번에 갈 때는 제대로 준비해서 가겠다 하고 첫 번째 여행에서 당한 사기를 만회하고자 히브리어도 혼자 어느정도 공부해보고 지리도 미리 익혀보는 등 만반의 준비를 갖추었습니다. 그 시기부터는 일하지 않는 시간에 대형 서점으로 달려가서 눌러앉다시피 하며 이스라엘에 관해 조금이라도 다루는 책들을 다 살펴보았던 것 같습니다. 하나하나의 정보가 금과 같은 것들이었습니다.

그러나 두 번째 여행은 성공과 실패가 모호하게 어우러졌습니다. 무엇보다 오랜 기간을 머물면서 다양한 사람들을 경험한 터라 유대인들의 성격을 깊게 경험할 기회가 많이 다가왔지만 이스라엘 땅과 역사는 충분히 익혀보았다 하더라도 막상 사람들과의 일상에서는 제가 살아오면서 옳다 여겨온 가치관과 행동이 그들과 전혀 맞지 않아 혼자 힘들어 했습니다. 게다가 여전히 부족한 언어 실력도 지속적으로 버틸 용기를 주지 못하는데 한 몫 했습니다.

그러나 이스라엘에 진정한 마음을 기울이게 된 계기는 의외의 상황들에서 찾아왔는데, 그때에 여러 사람들을 통해 경험해 본 유대인들의 생활과 종교 문화에 대한 참여는 제가 한국에서만 듣고 안다고 생각했던 유대인의 실상과 모든 것이 달라 보였고, '믿음'이라는 것에 대한 한국과 이스라엘 두 민족 간의 뚜렷이 구분되는 실천의 차이를 보며 그것이 그 사람 본인에게는 물론이고 가족과 사회에 '영향'이 되는 모습을 보는 것이 그들에겐 당연한 것이었겠지만 저에게는 꽤 충격이었습니다. 저 개인적으로는 같은 시기 이스라엘에서 기독교 성지들을 찾아다니며

각 장소에 대한 역사와 배경을 공부해 나갈수록 오히려 계속되는 신약의 모순을 발견하게 되었고, 그렇다고 반대로는 유대교에 대해서 아는 바가 전혀 없어 사람들을 만나고 따라다녀 보아도 모든 것이 이해되지 않았습니다. 그러나 '나의 다음 세대를 위한 교육이 성경적인 교육이었으면 좋겠다'라는 생각에 크게 집착했던 저는 아무리 아는 것이 없더라도 최소한 그들이 '신의 뜻'을 실천해야 한다는 교육을 철저하게 시키고, 지키며 사는 모습들이 너무도 특별하게 다가왔고, '내가 하나님을 사랑한다고 하면 어떻게 살아야 한다는 그 분의 명령이 있어야 되는 것이 당연한 것 아닐까'라고 진지하게 여기게 되었으며, 제가 찾던 삶의 방향이 그들과 같으면 좋겠다는 생각을 그 때부터 본격적으로 하게 되었습니다. 그렇게 다시 돌아가게 된 한국에서 다음의 방문을 위해서 이제 유대교가 무엇인지 알아봐야 되겠다라는 생각을 가지게 되었습니다.

세 번째 방문을 위해 찾아다닌 유대교에 대한 공부 자료는 이스라엘 여행과 역사, 지리 등의 자료를 찾는 것 이상으로 어려웠습니다. 아니, 그냥 불가능해 보였습니다. 한국에서 유대교에 관한 자료들은 주로 타종교와의 비교를 위한 겉핥기식 개관들에 지나지 않았고, 영어로 된 자료를 찾아도 무슨 말인지조차 전혀 이해되지 않았습니다. 그렇게 불안하게 출발했던 세 번째 방문은 그 이전보다 더욱 많은 상처를 받은 시간이었습니다. '개종을 해야 공부가 가능하다'라는 말을 어디선가 듣고 그냥 '유대교를 믿고 싶습니다'라고 하면 되는 줄 알았던 순진함으로 여러 예시바와 라브들을 찾았지만 당연히 모두 그 자리에서 바로바로

에필로그 - 나의 개종 이야기

거절당했고, 그러한 상황을 전혀 이해할 수 없었던 저는 제 불운을 탓하며 좌절하기 시작했습니다. 무언가를 제대로 하고 싶다고, 알아보고 싶다고 표현해도 아무도 들어주지 않는 것 같았습니다. 이스라엘을 처음 오게 된 이유가 일반적이지 않았다 보니 '하쉠께서 내게 이스라엘을 오게 하셨다'라고 생각했던 믿음과 자신감은 시간이 지날수록 보란듯이 떨어지고 있었고, 소득 없이 한국으로 돌아가서도 내가 갈 수 있는 길이 아니라는 생각과, 한편으로는 여전히 남았던 미련의 불씨가 속에서 서로 부딪히고 있었습니다.

그러나 유대교 개종의 의미까지 깊게 이해하지는 못하더라도 최소한 유대교에 대해 공부해 보고 싶으면 이스라엘에서 할 수밖에 없는 조건과 환경이 너무 확실하다 보니 그 후로도 몇 차례 더 이스라엘을 찾아 할 수 있는 공부와 경험들을 최대한 습득했습니다. 물론 개종 공부를 할 수 있는 장소를 찾는 일은 보류해 두었으며, 사실상 잠정 포기 상태였습니다.

유대인들의 길을 따라 가는 것이 맞다고만 생각해오고 달려왔는데, 그것을 허락해 주지 않는 모순을 견딜 수 없어 한국에 돌아가서는 마음을 접고 이제 한국에서의 삶만 집중하며 살아갈 방도를 구해야 했습니다. 그러던 중 기회가 갑작스럽게 찾아왔는데. 이스라엘에서 개종 공부를 할 수 있게 해준다는 것을 보장하던 지인의 제안으로 그동안 접어 두었던 마음을 힘겹게 돌이켜 몇 년 간 이스라엘을 왔다갔다 하느라 엉망이 되어 있었던 한국에서의 생활 준비를 완전히 정리하고 나오게 되었고,

우여곡절 끝에 라바누트(랍비 법정)에서 인터뷰까지 허락받아 여러 차례 해가면서도 한국에서 직접 개종하러 건너온 사람의 예가 없었던 탓인지 여전히 미심쩍은 시선과 확인들을 많이 받아왔지만, 진정성을 인정해준 개종 학교의 선생님들 덕분에 간신히 공부할 수 있는 기회를 얻게 되었습니다.

유대교 개종이라는 것의 개념을 정확히 알지 못하고 공부를 시작했기에 그 기간은 결코 쉽지 않았습니다. 한국에서도 책을 평소에 많이 읽던 타입이 아니었음에도 확실히 수업만으로는 이해가 불가능했기에 가능한 모든 장소에서 끊임없이 유대교에 대한 설명이 있는 책이란 책은 모조리 읽어 내려가야 했습니다. 그러나 그마저도 언어 구사의 부족함 탓에 학교에서도 특별한 허락을 받아 홀로 노트북을 켜두고 수업에 대한 녹음은 물론 히브리어 - 영어 - 한국어, 그리고 그 반대의 순으로 계속해서 번역기를 돌려가며 필기를 하고 집에 가서 보는 것을 반복해야만 했습니다.

솔직히 처음 6개월 정도는 전혀 이해를 못한 채로 다녔다고 보는 게 맞으나, 그동안 쌓여왔던 필기들이 어느 순간 머릿속에 갑자기 모두 연결되는 느낌으로 그제서야 수업의 내용이 이해되기 시작하면서 사실상 그때서야 개종의 의미를 본질적으로 깨닫게 되었습니다. 아직 내 삶을 전환한다는 준비가 여전히 제대로 되지 않았다고 느꼈지만, 그러한 과정에 임하는 나 자신을 스스로 속이지 않기 위해 부지런히 마음과 행동을 다잡아야 했습니다. 당시 공부와 함께, 물론 처음에는 힘들어했지만 동네에서 그래도 매일 참석하던 스파라디계 회당에 매일 새벽 5시부터 일어나 기도에 참여했고, 안식일에는 다른 회당에서 하는 알아듣지도 못하는 토라 공부에 참여하며 그간의 나 자신이 나를 위해 원하기만 했던 삶의 목적을 서서히 변화시켜 갔습니다.

그런 와중에 예상하지 못했던 것은, 그렇게 개종 공부의 정해진 기간이 진작에 끝났어도 라바누트에서 마지막 심사를 위한 부름이 전혀 없는, 또 다시 개종 처음 시기와 같은 막연한 두 번째 기다림이 시작되었다는 점이었습니다. 이 기간 중 지금의 아내를 만나게 되는 등 삶의 많은 변화가 있었지만 공부를 하고 이미 삶의 습관이 완전히 뒤바뀌었어도 '여전히 유대인이 아닌' 애매한 상태는 제 삶의 방식과 믿음의 균형을 굉장히 혼란스럽게 만들어 놨습니다. 그래도 그것이 처음과 같지는 않았던 것은, 그 시기에 만나게 된 제 영적 아버지인 지금의 라브(하라브 요쎄프 이쯔학크 리프쉬쯔)를 알게 되면서 그분의 응원과 교육이 큰 버팀목이 되어주었고, 결국 2019년 라바누트의 부름으로 마지막 심사를 받게 될 때도 법관들 앞에서의 그 분의 증언이 힘난했던 제 과정을 인정받게 하는데 결정적 입증이 되어주었습니다.

저에게 너의 개종을 허락한다는 최종 판결을 바로 앞에서 분명하게 들었을 때도 저는 잠시동안 멍한 상태로 갑자기 박수를 치기 시작하는 주변 사람들을 이상하게 쳐다보았습니다. 그러다가 이유를 알게 된 찰나, 슬프거나 기쁜 상황에서도 눈물을 몰랐던 제가 세상에서 그렇게 얼굴을 부여잡고 울어 보기는 처음이었습니다. 아무 말도 할 수가 없었고,

그 순간 법관 중 한 분이 나와 절 안아주면서 유대 민족으로 들어온 걸 환영한다고 얘기했을 때 제가 혼자 읊조리던 말은 '토다, 아바(하늘의 아버지 감사합니다)!'였습니다.

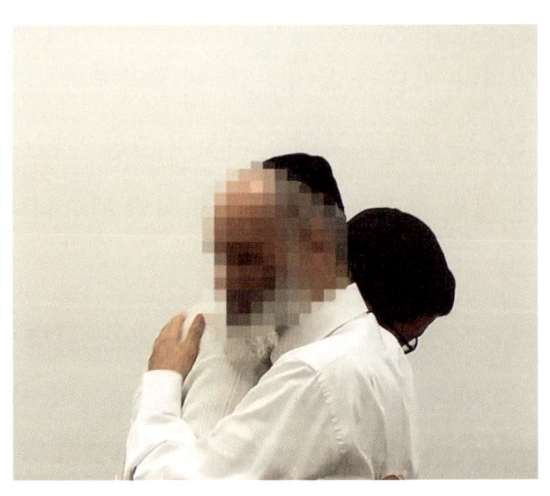

그렇게 거의 10년 간의 시간을 통해 제 인생은 비로소 큰 '전환'을 맞이하게 되었습니다. 겉으로 알 수 있는 특별한 변화는 사실상 없었습니다. 키파도, 찌찌트(유대인 남자들이 다는 옷술)도 이미 개종 공부 때부터 하고 다녔었기에 새롭다고 할 수 있는 것은 아니었습니다.

그러나 제 마음 속에서 이전과 분명히 달랐던 것은, 삶을 살아가는데 있어 '어떻게, 무엇이, 왜'에 대한 기준이 하쉠과 그분의 토라뿐이라는 것이 그 어느 때보다도 명확하게 이해되기 시작했다는 점입니다. 삶의 목적이 없던 제가 영원토록 힘쓸 가치를 발견하여 진정한 삶을 살게 되었습니다.

유대 용어 모음

유대 용어 모음

히브리어 원 발음으로 부르는 방식과 그 의미들을 소개해본다.

ㄱ

그마라(גמרא) - '게마라'라고 음역. 유대인들은 탈무드를 부를 때 일반적으로 탈무드라 하지 않고 그마라라고 부른다. 구전 토라의 내용에 대해 논하는 방식으로 구성되어 있다.

ㄴ

나비(נביא) - 예언자/선지자. 여성형은 '네비아'

ㄷ

다니엘(דניאל) - 단어의 구조상 다니-엘로 많이들 생각하지만 해당 이름의 모음은 유드(י)에 있어 다니옐로 불린다.

드바림(דברים) - 신명기

ㄹ

라브(רב) - '랍비'의 히브리어 원 발음.

라숀 하라(לשון הרע) - '나쁜 혀'라는 뜻을 가진 의미로 악담, 험담 등을 의미한다.

라쉬(רש"י) - 라브 슐로모 이쯔학크. 타낙흐와 탈무드 전체에 대해 방대한 주석을 남긴 인물.

람밤(רמב"ם) - 라브 모셰 벤 마이몬 또는 마이모니데스라고도 불리는, 지역과 의견이 모두 다른 유대인들에게 유대 철학과 토라 해석에 대해 지대한 공헌을 한 현인. 람밤의 '미슈네 토라'는 구전 토라를 공부할 때 반드시 알아야 하는 책으로 유대인들에게 권장된다.

유대 용어 모음

레비(לוי) – 레위(인)

ㅁ

마쉬악흐(משיח) – 메시아

멜락힘(מלכים) – '왕들'이라는 뜻으로, '열왕기 상/하'로 불리는 책의 이름은 '멜락힘 알레프/베트'다.

모셰(משה) – 모세의 히브리어 원 발음.

미드라쉬(מדרש) – 타낙흐의 모든 세부사항에 대한 해석이 담긴 책. 주로 이야기의 줄거리를 풀어나가는 방식으로 구성되어 있다.

미슈나(משנה) – 구전 토라를 기록한 내용의 중점이 되는 책들.

미쯔바(מצווה) – 계명. 복수형은 '미쯔보트'.

ㅂ

바미드바르(במדבר) – 민수기

바이크라(ויקרא) – 레위기

베레쉬트(בראשית) – 창세기

베이트 하미크다쉬(בית המקדש) – 성전

ㅅ

샤바트(שבת) – 안식일

쇼프팀(שופטים) – 사사기/판관기

슈모트(שמות) – 출애굽기/탈출기

슈무엘(שמואל) – 사무엘의 히브리어 원 발음. '사무엘 상/하'로 불리는 책의 이름은

'슈무엘 알레프/베트'다.

슈올(שאול) – 스올. 이것은 공간적인 개념인지 정신적인 개념인지 불분명하다.

싼헤드린(סנהדרין) – 유대 법정의 최고 권위를 나타내는 의회와 그 재판관들을 지칭하는 의미를 동시에 지닌다.

씨나이 산(הר סיני) – 시내산/호레브(호렙)산

ㅇ

아보다(עבודה) – '예배'라고 번역된 섬김을 뜻하는 의미. 대상에 따라 하쉠을 섬기는 것(아보다트 하쉠)과 이상한 것이나 우상을 섬기는 것(아보다 자라)으로 표현된다.

아하론(אהרן) – 모세의 형 아론. 히브리어로 '아론'이라는 뜻은 장롱이나 궤 등을 의미한다.

야하두트(יהדות) – 유대교/쥬다이즘

에무나(אמונה) – 믿음

에쯔 하다아트(עץ הדעת) – '선악과'라고 번역된 것. 원문에는 과일이라는 의미가 없고 그냥 '지식 나무'라고만 표기하고 있다.

엑하(איכה) – 예레미야 애가의 히브리어 명칭. '어떻게'를 뜻하는 엑흐(איך)와 같은 의미이다.

엘로킴(אלקים) – 엘로힘을 함부로 부르지 않는 표현 방법.

엘로힘(אלהים) – 하나님/하느님, 다른 신들, 재판관/지도자

예루샬라임(ירושלים) – 예루살렘

예샤야후(ישעיהו) – 이사야의 히브리어 원 발음.

예후디(יהודי) – (남자) 유대인. 여성형은 '예후디야', 복수형은 '예후딤'.

예헤즈켈(יחזקאל) – 에스겔/에제키엘

욤 키푸르(יום כיפור) - 대속죄일

이르메야후(ירמיהו) - 예레미야의 히브리어 원 발음.

이브리트(עברית) - 히브리어

이요브(איוב) - 욥의 히브리어 원 발음.

ㅈ

찌욘(ציון) - '시온'으로 번역된 장소. '하르 하바이트' 설명 참조.

찌찌트(ציצית) - 계명을 지키는 남자 종교 유대인들이 네 귀퉁이가 나눠진 옷에 매달아야 하는 술.

ㅋ

카도쉬(קדוש) - 거룩

카발라(קבלה) - '유대 신비주의'로 알려진, 토라를 이해하는 가장 깊은 해석 방법.

카셰르(כשר) - '코셔'로 음역 된 히브리어 원 발음.

코르반(קרבן) - 제사

코텔(כותל) - '통곡의 벽'으로 더 많이 불리는 성전의 서쪽 외벽 일부. 유대인들은 단순히 '서쪽 벽'이라는 의미의 '코텔'이라고 부른다. 전체 이름은 '코텔 하마아라비'.

코헨(כהן) - 제사장. 복수형은 '코하님'.

키파(כיפה) - 계명을 지키는 남자 종교 유대인들이 머리에 쓰는 둥근 캡. 키파를 써야 하는 것 자체는 계명이 아닌 문화이다.

ㅌ

타낙흐(תנ"ך) - '구약성경'이라고 번역된 토라/네비임(예언서)/기록서(크투빔)의 약자.

참고로 유대인들에게 성경의 의미는 사실상 유대 문헌 전체이다.

토라 쉐바알 페(תורה שבעל פה) – 구전 토라

토라 쉐빅흐타브(תורה שבכתב) – 기록 토라/모세 오경

토라(תורה) – '가르침'이란 의미로, 모세 5경이라 알려진 기록 토라와 구전 토라의 분류가 있다. 그 모두를 통칭하여 토라라고 부른다.

트힐림(תהילים) – 시편

ㅎ

하르 하바이트(הר הבית) – '집의 산'이라는 고유 명사로, 성전산을 뜻한다. 다른 이름으로는 찌욘산, 모리야산 등이 있다.

하박쿡(חבקוק) – 하박국의 히브리어 원 발음.

하쉠(השם) – 여호와/야훼 등으로 잘못 불리는 신의 직접적인 이름, 평상시에 잘못 부르거나 함부로 부르는 것을 방지하기 위해 간단히 '그 이름'이라는 뜻의 하쉠으로 칭한다. 초정통파 사람들은 하쉠이라는 글자 표기조차 함부로 쓰지 않기 위해 달레트(ד) 하나만 간단하게 표기하는 이들도 있다.

할라카(הלכה) – 토라적 방법으로 삶을 사는 가르침을 다루는 법들.

후마쉬(חומש) – (모세) 오경. 전체 이름은 '하미샤 훔쉐이 토라'다.

노아하이드
축복문과
특별한 기도들

노아하이드 축복문과 특별한 기도들

일상에서 할 수 있는 여러 상황의 축복문들을 소개한다. 기도의 모든 내용은 '노아하이드 시두르'에서 다뤄지며, 이곳에서는 특별한 일상의 축복문들과 기도문 일부를 발췌해 소개한다. 해당 내용들을 말할 때는 보통 크게 얘기하는 것이 아닌 읊조리는 방식이며, 그것을 듣는 자는 '아멘'으로 응답해야 한다.

아쉐르 야짜르

화장실의 일을 끝내고 그 후에 손을 씻어 다음과 같이 축복한다:

복되신 당신 하쉠, 우리의 엘로킴 세상의 왕이시여, 지혜로 사람을 빚으시고 그 안에 많은 구멍들과 구멍들을 창조하시니 당신의 영광의 보좌 앞에 그 중 하나라도 찢기거나 막힌다면 한 시간도 서 있지 못할 것이 분명히 알려져 있나이다. 복되신 당신 하쉠, 모든 육체를 고치시며 경이로운 일을 행하는 분이시여.

여정길의 기도

도시 경계 밖으로 여정을 떠나는 자들은 이렇게 말해야 한다:

하늘과 땅을 창조하신 하쉠, 세상의 엘로킴이시여, 당신의 뜻이 이루어지기를 바라니 우리를 평화로 다니게 하시고 우리의 발걸음을 평화로 보장하시며 우리를 평화로 인도하시고 우리가 기쁨과 평화로 원하는 목적지에 이르게 하사 (같은 날에 복귀할 때): 우리를 평화로이 집으로 돌려보내 주시고, 모든 원수의 손과 길에 숨어있는 원수로부터 구해주소서. 우리 손으로 행하는 일에 축복을 내려 주시고 당신의 눈과 우리가 만나는 모든 이들의 눈에 은혜와 친절과 자비를 베풀어 주시며 우리의 간구하는 소리를 들어주소서. 당신께선 기도와 간구를 들어주는 분이시니, 기도를 들으시는

노아하이드 축복문과 특별한 기도들

분이시여, 당신의 이름을 찬양합니다.

모든 기쁨의 때, 즉 아이의 탄생, 새 물건 구입, 새 집, 각 계절에 맞는 새 과일이나 채소 섭취 (1년에 한 번만) 등이나 오랜만에 반가운 친구를 만났을 때:

복되신 당신 하쉠, 우리의 엘로킴 세상의 왕이시여, 우리를 살아있게 하시고 존재케 하시며 이 순간에 이르게 하신 분이시여.

기적에 대한 축복

그에게 기적이 행해진 장소를 바라보며:

복되신 당신 하쉠, 우리의 엘로킴 세상의 왕이시여, 이곳에서 나를 위하여 기적을 행하셨나이다.

보는 것에 대한 축복들

번개가 치거나 거대한 산, 넓은 강 등과 같은 자연의 경이로움에 대하여:

복되신 당신 하쉠, 우리의 엘로킴 세상의 왕이시여, 창조의 행하심을 유지하는 분이시여.

무지개를 보는 이들:

복되신 당신 하쉠, 우리의 엘로킴 세상의 왕이시여, 언약을 기억하시고 당신의 언약을 신뢰하며 당신의 말씀을 지키는 분이시여.

봄꽃이 만발한 과일 나무를 보며 (1년에 한 번만):

복되신 당신 하쉠, 우리의 엘로킴 세상의 왕이시여, 당신의 세상에 부족함이 없게

노아하이드 축복문과 특별한 기도들

인간이 즐길 수 있도록 좋은 창조물과 좋은 나무들을 그 안에 창조하신 분이시여.

특별히 아름다운 나무나 창조물을 보며:

복되신 당신 하쉠, 우리의 엘로킴 세상의 왕이시여, 당신의 세상에 그러한 것들을 가진 분이시여.

듣는 것에 대한 축복들

천둥 소리를 들을 때:

복되신 당신 하쉠, 우리의 엘로킴 세상의 왕이시여, 당신의 힘과 권능으로 세상을 채우는 분이시여.

좋은 소식들을 들을 때:

복되신 당신 하쉠, 우리의 엘로킴 세상의 왕이시여, 좋고 좋으신 분이시여.

나쁜 소식들을 들을 때:

복되신 당신 하쉠, 우리의 엘로킴 세상의 왕이시여, 진실한 판사인 분이시여.

짝 찾기

신랑감을 찾는 여성의 기도:

당신의 뜻이 이루어지기를, 하쉠, 나의 엘로킴이여. 당신의 크신 자비와 당신의 위대한 친절로 당신께서 첫 사람 아담과 아브라함, 이쯔학크와 야아코브와 모셰에게 각각의 알맞은 때에 그들의 짝을 찾게 하신 것과 같이 제가 알맞은 때에 합당한 배우자를 볼 수 있게 찾아 주소서.

당신께서 제 남편으로 만나게 하실 그가 좋은 사람이고 행실이 바르며 은혜가 있고 엘로킴을 두려워 하며 공의와 친절을 추구하는 자이길 바라니, 그에게 흠이나 허물이 없고 성냄과 울분이 없기를 바라며, 오직 온유하고 겸손한 영과 건강하고 힘있는 자이길 바라나이다. 질투하는 자들이나 나를 싫어하는 사람들의 생각과 행동이 나와 어울릴 배우자의 나타남을 늦추지 않게 해주소서. 제 입의 말들과 제 마음의 사고가 당신 앞에 기쁘게 받아들여 지기를 바랍니다. 나의 반석이시며 나의 구속자이신 하쉠이시여.

신붓감을 찾는 남성의 기도:

세상의 주인이시여, 당신께서 친절로 당신의 세상을 지으시고 사람을 창조하시며 그를 위해 돕는 자를 만드셨나이다. 사람을 지으시고 그의 영광으로 모든 것을 창조하신 이가 복되도다.

당신의 뜻이 이루어지기를, 하쉠, 나의 엘로킴이여. 당신의 자비로 나를 채우셔서 제게 평생동안 제게 맞는 배우자를 찾도록 해주소서. 제 결혼 상대가 유능하고 하쉠을 두려워하는 지식이 있으며 좋은 품행의 소유자이자 좋은 행실의 사람이길 바랍니다. 그녀가 또한 지혜롭고 건강하며 흠이 없길 바라니, 제가 방해받지 않고 당신을 위한 거룩한 섬김을 위해 전념할 수 있게 하소서. 저의 때가 오기 전에 저를 이 세상에서 데려가지 말아 주시고 저를 어떤 이유로도 거부하지 말아주소서. 자비의 하쉠이시여, 사람들에게 편안하고 자비로우시며 은혜로우시고 그들을 지켜 주시며 끊임없이 도우시는 모든 면에서 의로우신 구원자이자 구속자시여. 당신의 이름의 영광을 위해, 그리고 당신의 크신 자비를 행하사 저를 도우시고, 우리를 위해서가 아니라면 당신을 위해서 해주소서. 당신의 이름을 위해 그것을 하게 하시며 당신의 오른손을 위해 그것을 하시고, 당신의 토라를 위해 그것을 하시며 당신의 거룩함을 위해 그것을 해 주십시오. 제게 은혜를 베푸시고 응답하시며 제 기도를 들어주십시오.

당신께선 모든 입의 기도들을 들으시니 기도를 들어주는 분께서 복되십니다. 제 입의 말들과 제 마음의 사고가 당신 앞에 기쁘게 받아들여 지기를 바랍니다. 나의 반석이시며 나의 구속자이신 하쉠이시여.

고난의 때의 기도

트힐림 16

다비드의 믹흐탐. 엘로킴이시여, 제가 당신 안으로 피하니 저를 지켜주십시오. 너는 하쉠께 말해야 한다. "당신께선 저의 주님이시며 제 좋음이 당신 외에는 없습니다. 저의 모든 기쁨이 땅에 있는 거룩한 자들과 그들에게 있는 귀인들을 위한 것입니다. 다른 신을 따라 급히 가는 이들의 고통이 더해지기를 바라니 저는 그들의 피의 술제사를 따르지 않을 것이며 그들의 이름을 제 입술에 올리지 않을 것입니다. 하쉠께서 저의 몫이며 저의 잔이시니 당신께서 제 운명을 붙잡으십니다. 제 분깃들이 아름다운 곳에 떨어졌으니 내 유업이 사랑스럽습니다." 내가 나에게 충고하신 하쉠을 축복할 것이니 밤에도 내 콩팥들이 나를 가르친다. 내가 항상 내 앞에 하쉠을 두니 그가 내 오른편에 계시므로 내가 흔들리지 아니하리라. 그러므로 제 마음이 기쁘고 제 존재가 즐거워하며 제 몸도 안전하게 거하리니 이는 당신께서 제 혼을 슈올에 버리지 않으실 것이므로 당신의 경건한 자로 하여금 구덩이를 보게 하지 않으실 것이기 때문입니다. 당신의 얼굴 앞에서 생명과 풍요와 기쁨의 길을 제게 알게 해주십시오. 영원한 즐거움이 당신의 오른손에 있을 것입니다.

트힐림 20

지휘자를 위해, 다비드의 노래. 고난의 날에 하쉠께서 너에게 응답하시고 야아코브의 엘로킴의 이름이 너를 지키며 그분이 성소로부터 너에게 도움을 보내시고 찌욘으로부터 너를 붙드사 너의 모든 곡식제물을 기억하시고 너의 올림제물을 기쁘게 받으시기를 원하노라, 쎌라. 그분께서 너의 마음을 따라 너에게 주시고 너의 모든 계획이 이루어지게 하시니 우리가 너의 구원으로 기뻐 외치며 우리 엘로킴의 이름으로 우리가 모이리라. 하쉠께서 너의 모든 원하는 것들을 채워 주실 것이다. 이제 내가 알았나니 하쉠께선 그의 기름부음 받은 자를 구원하시며, 그분이 그의 오른손의 구원의 능력으로 그의 거룩한 하늘로부터 그에게 응답하시리라. 어떤 이는 병거를, 어떤 이는 말들을 신뢰하나 우리는 우리의 엘로킴 하쉠의 이름을 언급하니, 그들은 무릎을 꿇고 넘어지나 우리는 일어나 굳건히 선다. 하쉠이시여 구원하소서, 왕이시여 우리가 부르는 날에 우리에게 응답하소서.

아픈 자를 위한 기도

트힐림 20편과 함께 다음의 내용을 기도하는 것이 좋다:

트힐림 38

기억을 위한 다비드의 노래. 하쉠이시여 당신의 진노로 저를 질책하거나 저를 벌하지 말아주십시오. 당신의 화살들이 저를 꿰뚫으며 당신의 손이 저를 짓눌렀습니다. 당신의 격노로 제 몸이 성한 곳이 없고 저의 죄 때문에 제 뼈들에 평화가 없으니 죄악들이 제 머리에 넘쳐 무거운 짐처럼 제게 무겁습니다. 제 종기가 썩었으니 그들이 제 어리석음 때문에 곪아갑니다. 제가 매우 위축되고 충격을 받아 온종일 슬픔으로 다닙니다. 제 허리가 열로 가득 하고 제 몸에 성한 곳이 없습니다. 제가 매우 약해지고 짓이겨졌으며 제 마음이 혼란하여 고통으로 외쳤습니다. 주님이시여, 제 소원이 당신 앞에 있고 제 탄식이 당신으로부터 숨겨지지 않았습니다. 제 심장이 두근거리고 제 힘이 빠졌으며, 제 눈빛도 제게서 없습니다. 저를 사랑하는 자들과 제 친구들이 제 역병으로부터 멀리 떨어져 있고 저와 가까운 이들도 멀리 서 있습니다. 제 생명을 구하는 자들이 덫을 놓고 제 악을 구하는 자들이 파멸을 말하며 온종일 속임수를 꾀하나 저는 귀머거리처럼 듣지 못하고 벙어리처럼 입을 열지 못하니, 저는 듣지 못하는 사람처럼 되고 그의 입에 반박할 말이 없었습니다. 하쉠이시여, 제가 당신을 기다렸으니 당신께서 대답해 주소서, 나의 주님, 나의 엘로킴이시여. 제가 말하기를 '그들이 나로 인해 기뻐하며 내 발이 흔들릴 때 그들이 기뻐할 지도 모른다' 하였으니 저는 넘어지기 직전이고 제 고통이 항상 제 앞에 있습니다. 제가 제 죄악을 고백하니 제 죄로 인해 제가 걱정합니다. 그러나 제 원수들은 생명에 활기가 있고 거짓된 이유로 저를 미워하는 자들이 많습니다. 그들은 좋음을 악으로 갚으니 제가 좋음을 추구하기에 저를 미워합니다. 하쉠이시여, 저를 버리지 말아주십시오. 나의 엘로킴이시여, 저를 멀리하지 말아주십시오. 속히 저를 도와주십시오 제 구원이신 주님이시여.

당신의 뜻이 이루어지기를, 하쉠, 우리의 엘로킴이시여, 자비로우신 아버지여, (아픈 자의 이름)에게 자비로 충만하여 주시고 그/그녀에게 부디 완전한 회복과 강건함을 허락하시며 그/그녀의 가혹하고 악한 판결을 취소하여 주십시오. 나의 주님이시여 들어주시고, 나의 주님이시여 용서하시며, 나의 주님이시여 들어주시고 지체하지 말아주십시오. 군단의 하쉠께서 우리와 함께 계시니 야아코브의 엘로킴이 우리의 요새 되심이라, 쎌라. 군단의 하쉠이시여, 행복한 자들은 당신을 신뢰하는 자들입니다. 하쉠이시여, 구원해 주소서. 우리가 부르는 날에 왕께서 우리에게 응답해 주소서. 제 입의 말들과 제 마음의 사고가 당신 앞에 기쁘게 받아들여 지기를 바랍니다. 나의 반석이시며 나의 구속자이신 하쉠이시여.

한국계 정통파 유대인이 들려주는
유대교와 유대인 이야기

초판 1쇄 2023.02.08

지은이　아담 야이르 리
펴낸이　서효완
디자인　서효완
펴낸곳　Noahide Korea
주소　대구광역시 중구 국채보상로 641 2층 (동인동2가)
메일　noahidekorea@gmail.com
출판 신고　2022년 11월 14일 제 2022-000033 호

ISBN 979-11-981782-0-6
책값은 뒤표지에 있습니다.
ⓒ 이 출판물은 Noahide Korea 출판사가 저작권자와의 계약에 따라 발행한 것이므로 본사의 허락 없이는 어떠한 형태나 수단으로도 이 책의 내용을 이용하지 못합니다.